Grand Paris
Savoir vivre für Insider und solche, die es werden wollen

Stefanie von Wietersheim

Savoir vivre für Insider
und solche, die es werden wollen

Illustriert von Maria Kleinschmidt

Lifestyle
**BUSSE
SEEWALD**

Inhalt

Ach, Paris! *7*

Die Kunst zu flanieren oder Das Glück
liegt auf der Straße *13*

Lieber klein, aber fein. Der Weg zur
perfekten Wohnung *41*

Am Anfang war das Bett. Pariser Nächte
voller Seide *54*

Vie de château. WG in Mozarts Schlösschen *64*

Dos und Do Nots. Wie man vom armen
Ausländer zum echten Pariser wird *80*

Die Erotik des Essens. Ein Mythos lebt *96*

Drunter ist drüber. Warum pflaumenblaue
Dessous eine ernste Sache sind *114*

Dem Tod ein Schnippchen schlagen.
Erst mit einem Baby ist man wer *127*

Modewahnsinn. Die wahre Geschichte
der Kelly Bag *146*

Duft-Marken. Magie für die Nase *160*

Für Sven, meinen Prussien Parisien

Ach, Paris!

Der Zauber wirkte sofort. Die Augen der Menschen glänzten. Ihre Lippen wurden ganz weich. Schmolzen zu einem Lächeln. Ein geheimer Seufzer kam aus ihren Kehlen, und die Hektik des Alltags blieb auf einmal stehen. Allein der Name machte für Sekunden aus allen Träumer. Allein der Name. «Paris. Ach! Paris!» Nach einer andächtigen Stille, die der magische Bann der Stadt über sie geworfen hatte, erzählte mir jeder seine persönliche Liebesgeschichte. Seine Liebesgeschichte mit Paris. Mein Orthopäde wechselte sofort vom Schwäbischen ins Französische und vergaß, die Spritze in meine geplagte Wirbelsäule zu setzen. Die grummelige Münchner Bäckersfrau legte kokett den Kopf zur Seite, schaute verträumt und schwärmte davon, wie ihr Mann sie auf der Hochzeitsreise im Nebel unter dem Eiffelturm geküsst hatte und ließ die Schlange hinter mir ungerührt länger werden. Die Studienfreunde waren hocherfreut, unter unserem Namen im Adressbuch bald ein kostenloses Hotel mit 24-Stunden-Zuneigungsservice, Flughafentransfer und Croissantfrühstück im Bett am schönsten Ort der Welt eintragen zu können – und buchten schon Wochenenden für die kommenden zwei Jahre. Wahrscheinlich sahen sie uns vor ihrem geistigen Auge jeden Abend im Restaurant in der zweiten Etage des Eiffelturms sitzen und Champagner trinken, nach einer Ballettpremiere träge an der Seine miteinander knutschen, Bilder aus coolen Galerien durch die Metrosperren schleppen und stets als Erste die neuen Seidenkreationen aus dem Hause «Hermès» tragen.

> Restaurant
> Jules Verne
> *Küche von Alain Ducasse,*
> *Starblick über die Stadt*
> *Eiffelturm, 2. Etage,*
> *per Privatlift*
> *Avenue Gustave Eiffel*
> *www.lejulesverne-*
> *paris.com*
> Ⓜ *Bir-Hakeim*

Und das alles, weil Paris unser neues Zuhause werden sollte. Unzählige Male waren wir als Besucher dort gewesen. Wir kannten die Buchhandlungen dieser Stadt besser als die bei uns zu Hause, hatten jahrelang für unser Budget horrende Kreditkartenabrechnungen in den Boutiquen am linken Seineufer verursacht, vierstündige Diners bei Freunden im 6. Arrondissement durchgesessen, im Hamam der Moschee geschwitzt, die großen Ausverkäufe mitgemacht – die Mona Lisa aber hatten wir immer noch nicht gesehen.

Abgesehen vom überfälligen Besuch bei Mona im Louvre: Wir träumten schon lange von einem Leben in Paris, weil wir die verspielten Muster der schmiedeeisernen Gitter an den Hausfassaden so liebten. Wegen der so unauffällig sorgfältig zurechtgemachten Damen, die im Bus aus den Augenwinkeln eifersüchtig Handtaschen und Schuhe der Konkurrentinnen abcheckten. Weil es sich in den Tuileriengärten an der Place de la Concorde unter den gestutzten Linden so gut Orangina trinken und den Roman der Saison lesen ließ. Und natürlich, weil sich unsere Ernährungslage in Paris dramatisch verbessern würde.

So gab denn auch ein Abendessen kurz vor Weihnachten den letzten Anstoß für unseren Umzug. Nach dem prätentiös servierten, mittelmäßigen und teuren Essen in einem Münchner Restaurant im Glockenbachviertel, das sich viel auf sein Renommee, vor allem aber auf seine Gäste einbildete, war der Leidensdruck auf Psyche und Magen meiner weitaus besseren Hälfte zu groß. Wir kuschelten uns unter die dicken deutschen Federbetten und schauten auf dem iPad Pariser *House Porn:* die Anzeigen auf dem französischen Immobilienportal seloger.com versprachen Herrliches. Ich träumte an diesem kalten Winterabend bereits von meiner neuen Visitenkarte, auf der unter meinem Namen in englischer Schreibschrift stehen würde: Place Saint-Sulpice, 75006 Paris. Da wäre Christian Lacroix' Boutique gleich nebenan – und das kleine Café, in dem es die butterigsten Croissants des Viertels gibt. Ich sah mich an einem Maimorgen neben einem bereits gut frisierten, hoffungsvollen jungen Parlamentsabgeordneten durch den Jardin du Luxembourg joggen. Danach meine Zeit in der Bobo-Chic-Boutique von Inès de la Fressange vertrödeln, denn weiße Blusen, Radiergummis und Smartphonehüllen braucht man ja immer. Und am Abend bei «Berthillon» auf der Ile Saint-Louis das beste Eis des Landes für uns holen, für das die Amerikaner angeblich einen halben Tag bei ihren Touren einplanen. Oder doch lieber ein Appartement mit Blick auf den Eiffelturm? Dort würde ich abends die hohen Holzläden vor den Fenstern mit Blick auf das Marsfeld schließen

Christian Lacroix

Neobarocke Accessoires, Geschirr, Papeterie
2–4, Place Saint Sulpice
www.christian-lacroix.com
Ⓜ *Saint Sulpice*

Inès de la Fressange

Lässiger Haus- und Mode-Basar
24, rue de Grenelle
www.inesdelafressange.fr
Ⓜ *Sèvres-Babylone*

und den Kamin anzünden, dessen Feuer wilde Muster auf die Stuckdecken werfen würde. Dass wir uns in diesen Wohnlagen libanesischer Milliardäre, Pariser Erbinnen und amerikanischer Broker nur ein geräumiges Zimmer würden leisten können und unsere umfangreiche Bibliothek, das Rosen-Porzellan der Großmutter und die Bilder unserer zu großen Leinwänden neigenden Freunde in wasserdichten Containern würden einlagern müssen, das ließen wir erst einmal außer Betracht. Ach Paris …! Wir holten uns ein Glas Rotwein ins Bett, einen feurigen Gigondas von der Rhône, und träumten weiter, während der Schnee auf dem Fensterbrett immer höher wuchs. Unser neues Leben in Paris sollte nur einen Sinn haben: endlich vom Leben zu profitieren. Vergessen die missmutigen Chefredakteure und die Kollegen im Großkonzern, die es für den Gipfel des Abenteuers hielten, den neuen Kugelgrill anzuwerfen und die Kellersauna selber auszubauen.

Stattdessen: Glanzvolle Diners mit schönen Männern und klugen Frauen, Champagnerflaschen, Küssereien – und Flanieren als eigene Lebensart. Jeden Tag würden wir den goldfarbenen Stein der Haussmann-Fassaden und das melancholische Herbstgrau oben bei Sacré-Cœur genießen. Im klaren Licht der Wintertage an der Seine entlangspazieren und bei «Angelina» in der Rue de Rivoli die sämige heiße Schokolade trinken, von der einem übel wird, wenn man vorher schon ein bodenständiges Frühstück zu sich genommen hat. Wir würden, sooft wir nur

---

La Trésorerie

Der Bobo-Interiorladen Nähe Canal St. Martin
11, rue du Château d'Eau
www.latresorerie.fr
Ⓜ *Château d'Eau*

Berthillon

Eis und Sorbet der Spitzenklasse
29-31, rue Saint-Louis en l'île
www.berthillon.fr
Ⓜ *Pont-Marie*

wollten, die Seerosen-Bilder von Monet in der Orangerie besuchen, in Versailles durch den Schlosspark radeln und auf den Champs-Elysées im Restaurant «Flora Danica» geräucherten Fisch mit drei Soßen essen.

Peng. Zwei Wochen nach diesem Abend voller Paris-Träume bekamen wir das Angebot, für eine internationale Firma in Paris zu arbeiten. Es war, als habe der Schutzheilige aller in Paris Verliebten unser Schicksal in die Hand genommen. Natürlich sagen wir ohne zu zögern ja. Ach, Paris ...! Wir wussten an diesem Tag noch nicht, dass wir unsere ganze Liebe brauchen würden, um diese Stadt und ihre Bewohner zu ertragen. Zeiten, in denen ich mit einer abgerissenen Kontaktlinse im Auge partout keinen Arzt fand, weil wieder einmal Streik war. Zeiten, in denen wir mit erzwungenem Lächeln Seeigel, Schnecken und Austern essen mussten, ob wir wollten oder nicht. Zeiten, in denen wir für Ökofundis der schlimmsten Sorte gehalten wurden, weil wir drei Monate für einen eigenen Papiermülleimer kämpften. Wir wussten auch noch nicht, dass wir dieses «Ach, Paris!» bald nicht mehr innerhalb der Stadtmauern stöhnen würden, sondern in der charmanten Geburtsstadt des Sonnenkönigs vor den Toren der Metropole – und damit das taten, von dem fast alle Pariser träumen: in eine nur 20 Minuten von der Oper entfernte Residenzstadt mit Schloss und Traumpark zu ziehen. Weil wir es bald

Museum Orangerie

Impressionisten-Sammlung mit Monets Seerosen-Raum
Place de la Concorde,
Jardin des Tuileries
www.musee-orangerie.fr
Ⓜ *Concorde*

Schlosspark Versailles

Räder, E-Wagen, Boote zum Ausleihen
Radverleih Astel
44, Boulevard Saint-Antoine,
Le Chesnay
www.astel-versailles.com
Bahnhof Versailles
Château-Rive Gauche

Flora Danica

Dänische Gourmetküche mit Logenplatz über den Champs
142, Avenue des Champs-Elysées
www.floradanica.fr
Ⓜ *Charles de Gaulle – Étoile*

Pavillon Henri IV

Geburtsort von Ludwig XIV. (1638) heute Luxushotel mit Panoramarestaurant und Terrasse
19–21, rue Thiers
www.pavillonhenri4.fr
RER A, Endstation Saint-Germain-en-Laye

satthatten, täglich so «speed» sein zu müssen wie alle anderen Pariser und uns das Summen der Metrotüren keine wohligen Schauer, sondern Migräne verursachte. Wir würden noch im Schatten des Eiffelturms wohnen, nah genug, um seinen majestätischen Zauber zu spüren, ohne aber die Touristenhorden ertragen zu müssen. Umgeben von einem Schwarm lebenslustiger Franzosen und Paris liebender Ausländer. Wir würden einen Alltag kennenlernen, der manchmal komisch, lästig, tragisch, romantisch sein würde – aber eines nie: langweilig.

Und bei allen Tragödien des Alltags, in Zeiten von Terror, Angst und dramatischen Krisen in Europa hat es uns nie verlassen, dieses Gefühl, das schon der Name bei allen Menschen auslöst, die jemals an einem Sommerabend vom Louvre über die kleine «Pont des Arts» spaziert sind und denen sich die Stadt in ihrer zeitlosen Herrlichkeit hingegeben hat. Das Gefühl, das uns jedesmal wohlig durchrieselte, wenn wir von der Terrasse des Schlossparks von Saint-Germain-en-Laye hinunter auf Eiffelturm und Sacré-Cœur blickten: Ach, Paris …!

Die Kunst zu flanieren oder Das Glück liegt auf der Straße

Mittendrin. Absätze klappern im Kastagnettenrhythmus. Lautes Hupen, Eisengitter fahren hoch. Für die meisten Menschen wird der Tag im Schatten des Eiffelturms hektisch beginnen: schnell ein Baguette vom Vortag in den Milchkaffee getaucht, einen Trinkjoghurt zur Stärkung der Abwehrkräfte runtergeschüttet – und ab in die Metro zur Arbeit. Wir aber können uns in dieser ersten Woche sieben Tage Freiheit schenken, bevor wir in unseren Büros erscheinen müssen. Eine Woche Flanieren über Boulevards und in Parks, ohne Baedecker, Metro-Plan und Termine, nur unseren Launen folgend. Wir wollen in den freien Tagen nur im Strom der Boulevards mitschwimmen, uns ganz der Stadt überlassen, bevor wir so niederen Tätigkeiten wie Geldverdienen nachgehen, die Supermärkte nach weißem Klopapier abklappern und das Auto ummelden müssen. In dieser ersten Woche wollen wir uns noch einmal erlauben, Flaneure zu sein. Denn in Paris gibt es zwei Arten Menschen: Flaneure – und Raser. Die Raser, Frauen mit von Bitterkeit geprägten Mundpartien, verschwitzte Männer auf ihrem abendlichen Heimweg in der Metro, haben das Lebensmotto «Être speed», schnell sein. Viele der zwölf Millionen

Menschen des Pariser Großraums nehmen beim Rennen durch das unterirdische Metro-Labyrinth einen Schluck aus der Wasserflasche, stolpern fast über einbeinige Bettler und Straßenmusikanten, lesen auf den Quais Taschenbücher, schauen am Handy YouTube-Satiren und laden sich Meditations-Apps runter, um diesen Großstadtdschungel zu ertragen. Die meisten können sich aber trotz des Stresses nicht vorstellen, ihre völlig überteuerten 60 Quadratmeter hinter der Oper gegen ein Schloss in der Picardie einzutauschen.

Flaneure hingegen können sich dem schnellen Rhythmus der Stadt leicht entziehen und leben wie Hauptfiguren aus einem Kitschfilm. Man bummelt an der Seine herum, sieht den Skatern vor Notre-Dame zu, zündet in Saint-Eustache eine Kerze für die Erbtante an, nippt stundenlang im Palais Royal an einem *Citron pressé* und beobachtet in aller Ruhe, welche Schuhe in dieser Saison obligatorisch sind: vorne spitz oder rund, mit Troddeln oder einem geschwungenen Absatz? Für echte Flaneure ist das ein Tagesprogramm. Flaneur in Paris zu sein, ist ein vergleichsweise bescheidenes Projekt. Andere Menschen steigen ein ganzes Jahr aus ihrem wohlgeordneten Große-Leute-Leben aus, um mit dem Dalai Lama zu meditieren, bei den amerikanischen Mennoniten Körbe zu flechten oder auf einem kleinen Segelboot, in dem man Platzangst kriegen kann, mit einem Studienfreund um die Welt zu schippern. Für uns ist bereits eine Woche in Paris der Gipfel des Glücks.

Zurzeit hausen wir in einem 15 Quadratmeter großen, von den Franzosen etwas euphemistisch «Studio» genannten Zimmer, das uns liebe Freunde im 10. Arrondissement gegenüber der Theatermeile geliehen haben, bis wir eine eigene Wohnung finden. Wir turnen zwischen Ikea-Klappsofa, feuchten Handtüchern, der Cocktailausrüstung des Hausherrn und einem echten Christo – eine Abbildung der verpackten Pont Neuf, was sonst! – hin und her. Betrunken vom Glück, ein Teil der Stadt zu sein. Wir lieben es, das Leben auf der Straße unter unserem Fenster zu beobachten. Uns stört weder, dass die arabischen Nachbarn über uns lange Partys feiern, irgendjemand regelmäßig in den Aufzug pinkelt, noch dass wir in der Sitzbadewanne so zusammengeklappt duschen müssen, dass wir kaum Luft bekommen. Dafür können wir vormittags zusehen, wie die Tänzer des gegenüberliegenden Theaters vor dem Bühneneingang stehen und rauchen. Sie tragen enge dunkle Trikots, weite Trainingshosen und um die Taillen geschlungene Pullover, knicken nachlässig die spindeldürren Beine zu Posen, ziehen die Socken aus und zeigen sich gegenseitig ihre Ballen. Auf der anderen Seite liegt ein Couscous-Restaurant, dessen Besitzer jeden Morgen um zehn Uhr seine Terrasse schrubbt und zum Abschluss herzhaft auf das Pflaster spuckt. Und wir? Sehen einfach zu.

Montagvormittag
Flanieren. Das kann man in Paris auf der Straße. In den altmodischen Passagen in der Nähe der Grands Boulevards, wo es kostbare Spazierstöcke, nach Maß angefertigte Lippenstifte und Kaschmirpaletots zu kaufen gibt. Flanieren kann man auch in Parks. Sogar in der Me-

tro. Alleine. Mit einem guten Freund an der Seite. Oder einem Hund. In Paris zu flanieren, gibt einem das Gefühl zu arbeiten: an seiner Bildung, seiner Fantasie, seinem Geschmack. Am schönsten ist es, das mit Menschen zu teilen, für die dieses Herumstreifen ebenfalls eine Lebensanschauung ist.

Terry de Gunzburg
Lippenstifte nach Maß
Galerie Véro-Dodat
19, rue Jean-Jacques Rousseau
www.byterry.com
Ⓜ *Palais Royal – Musée du Louvre*

Meine Pariser Freundin Clotilde ist solch eine passionierte Flaneurin. In den kleinen Straßen des 7. Arrondissements, im Jardin du Luxembourg und im Rodin-Museum verbringt sie den Großteil ihres Lebens. Sie gehört zu dem Typ Pariserin, die ihre vier Wochen alte Tochter in einer Art Kängurubeutel durch die Sammlung Ozeanischer Kunst schleppt, trotz Narben an unaussprechlichen Stellen und nervlicher Erschöpfung, um am Abend ihrem Mann etwas Neues zu erzählen zu haben. Am liebsten flaniert Clotilde durch den Louvre, der seit seiner Erweiterung das größte Museum der Welt ist, eine wahre Kunststadt. Damit man sich in diesem eigenen Universum nicht total verzettelt und betäubt von all den Marmorarmen, Goldplättchen, Ölgemälden und Amuletten wieder rauskommt, haben wir für das Flanieren im Louvre feste Spielregeln aufgestellt: Jeder darf dem anderen drei Lieblingsobjekte in den unendlichen Schatzkammern des Museums zeigen. Egal, ob Rubens-Bilder, griechische Skulpturen, Balenciaga-Kleider, Kronjuwelen oder eine kleine Vase. Die Konzentration auf wenige Objekte hat den Vorteil, dass man sich wirklich Zeit nimmt und nach einer Woche immer noch ge-

Louvre Museum
Veritable Kunst-Stadt,
Wechselausstellungen,
Shopping-Mall
www.louvre.fr
Ⓜ *Palais Royal – Musée du Louvre*

nau weiß, was man gesehen hat. Außerdem sind die drei Wunschobjekte oft in entgegengesetzten Flügeln der Anlage zu sehen, die nach Staatsmännern benannt sind. So flaniert man meilenweit von «Denon» zu «Richelieu» und verflucht seine eleganten neuen Schuhe. Doch das Schönste an diesem Flanieren ist, sich an dem Gefühl zu berauschen, genug Kunstvorrat, ein so großes Lager der Schönheit vor sich zu haben, dass es für viele Leben reicht – und so kann man getrost wieder einmal auf die *Mona Lisa* verzichten, vor der die Touristen Schlange stehen.

Heute haben wir uns riesige Pferdestatuen, die *Chevaux de Marly* angesehen, danach das Diadem der Kaiserin Joséphine bewundert und dann das Bild eines italienischen Meisters gedeutet, das den Heiligen Franz von Assisi zeigt, wie er mit den Vögeln redet. Clotilde hat mich zur Nike von Samothrake geführt, danach zu einem Archimboldo und mir dann das erste Porträt eines französischen Herrschers vorgestellt, das Bildnis Johanns des Guten aus dem 14. Jahrhundert. Von ihm konnten wir uns lange nicht trennen. Ich liebe seine langen roten Haare, das linke Profil mit der kräftigen Nase, sein schlichtes schwarzes Gewand mit dem weißen Kragen auf dem goldenen Hintergrund. Ich stelle mir vor, wie er so um 1350 dastand und sich hat malen lassen. Und ich versuche ihn mir vorzustellen in einem Maßanzug, wie ihn heute Staatspräsidenten tragen mögen. Er müsste natürlich seine Haare schneiden lassen, die ihm bis auf die Schultern fallen, und der leichte Bart müsste auch weg. Der Pony ebenso. Undenkbar bei einem Politiker heute.

Nach dem Ausflug in den Louvre sitzen wir nun bei «Angelina», dem 100 Jahre alten Teesalon in der Rue de Rivoli, der früher den Namen «Rumpelmeyer» trug.

Angelina
Teesalon mit legendärer Trinkschokolade
226, rue de Rivoli
www.angelina-paris.fr
Ⓜ *Tuileries*

Zu Rumpelmeyers Zeiten verkehrte Marcel Proust noch hier. Heute kann man spargeldünne Models dabei beobachten, wie sie einen «Montblanc», ein Sahnebaiser mit Maronencreme und Schlagsahne, zu sich nehmen. Vor allem aber ist das «Angelina» der perfekte Ort, um nach einem Museumsbesuch ein Kräuteromelett zu essen oder eine sämige Schokolade mit Schlagsahne zu trinken, die «Africain» heißt.

Mögen die Pariser noch so gemächlich flanieren, sie reden atemberaubend schnell. Auch wir haken unsere Themen in dem rasanten Pariser Diskussionstempo ab, an das man sich selbst als frankophoner Ausländer erst einmal gewöhnen muss. Die Vorzüge von deutschem und französischem Porzellan. Die aktuellen Bauten im immer wieder neuen Berlin und der vor kurzem akkreditierte französische Botschafter. Der Masseur, der am Mittwochnachmittag ins Haus kommt, wenn die Kinder beim Ponyreiten sind.

Als ich schließlich aufstehe, um die Mäntel zu holen, spricht mich eine uralte Dame an, die wie eine elegante Zigeunerin aussieht. Der Kontrast zwischen ihren tiefen, konzentrischen Falten und dem langen, pechschwarzen Haar ist atemberaubend. Ihre Lippen sind blutrot gefärbt, und ihr Busen wogt wie ein Schiffsbug unter der schwarzen Seidenbluse.

«Ich muss Ihnen sagen, Sie haben schöne Beine!», sagt sie mit tiefer Stimme zu mir und lächelt ener-

gisch und streng zugleich. Ich bin so überrascht, dass ich nicht antworten kann. Ich bin nicht mal imstande, mich für dieses unerwartete Kompliment zu bedanken, das ich zum letzten Mal mit 17 Jahren von einem italienischen Verehrer hörte. Das ich aber sicher nicht von einer alten Dame in Paris erwartet hätte, die aussieht wie die Königin der Zigeuner!

Die Dame beobachtet sehr aufmerksam meine Verwirrung.

«Wissen Sie, in meinem Alter sage ich, was ich denke. Und wenn man Schönheit sieht, muss man den Menschen danken, die sich die Mühe geben, sie uns zu präsentieren!», erklärt sie und fixiert meine Beine wie ein Pferdezüchter ein vielversprechendes Fohlen. Dann dreht sie sich unvermutet um und widmet sich weiter ihrer heißen Schokolade, ganz vorsichtig, um ihren Lippenstift nicht zu verwischen. Ich beobachte sie genau. Trotz ihres hohen Alters wirkt sie atemberaubend schön und hat eine leicht gefährliche Aura. «Üppig» nannte man diese Art Frau wohl früher, aber sie strahlt mehr aus als die Reste einer feurigen Schönheit. Sie sieht aus wie eine lebendige Skulptur, ein Meisterwerk nicht nur als Körper, sondern auch als Person.

Ich wünsche ihr beim Hinausgehen einen schönen Tag und treffe Clotilde am Ausgang. Sie drückt ganz aufgeregt meinen Arm und sagt: «Was hat die Frau zu dir gesagt?»

«Sie hat mir ein Kompliment über meine Beine gemacht!»

«Weißt du, wer das ist?»

«Nein, wer soll das sein? Kennst du sie?»

«Ich bin mir nicht sicher, aber sie sieht aus wie Dina Vierny, die Muse des Bildhauers Maillol. Vor einigen Jahren hat sie am linken Ufer ein wunderbares Museum gegründet, in dem seine Werke ausgestellt sind. Viele auch, auf denen sie zu sehen ist. Sie ist die letzte Muse von Paris!»

«Meinst du wirklich, sie war es?»

«Ich habe Dina erst einmal bei einer Vernissage gesehen. Da hatte sie auch diese seltsame Gloriole um sich. Aber ob sie der Typ ist, der anderen solche Komplimente macht?»

Dienstagfrüh
Ins unterirdische Leben der Metro einzutauchen, gehört zu den Pflichtdisziplinen des Pariser Flaneurs. Hier läuft er sich langsam warm für den Tag, hierher kehrt er mit müden Füßen wieder zurück. Streng genommen flaniert man nur bis zum Quai, danach lässt man sich spazieren fahren und kann den ständig wechselnden Strom von Mitreisenden von einem Zugsitz aus beobachten. Metrofahren ist ein herrliches Spektakel, da sich in den Zügen alle Variationen menschlichen Lebens beobachten lassen. Unscheinbare Männer lesen Dante, chinesische Zeitungen oder Studien über Tiefenpsychologie. Teenager knutschen. Lehrer korrigieren Griechischreferate. Damen schminken sich, als seien sie in ihrem Boudoir. Katzen, die in Umhängetaschen stecken, werden mit Salami gefüttert, dabei sind Tiere und Essen hier verboten. Auf den 16 Linien und ihren rund 220 Kilometern wird es nie langweilig. Außerdem ist das System ziemlich idiotensicher. In manchen deutschen Städten muss man ei-

nen außergewöhnlich hohen IQ haben, um den Automaten die richtige Fahrkarte zu entlocken. In Paris kauft man sich einfach ein *carnet,* einen Zehnerblock, den man abfährt. Punkt. Wer es wirklich schwieriger möchte, kauft sich eine Karte für die Woche oder den Monat. Danach fährt man so lange herum, wie man will.

Mir beschert die Metro an diesem Tag mehrere unerwartete Erlebnisse. Ich bin mit der grünen Zuglinie auf dem Weg in den Jardin du Luxembourg, um ein Buch von Françoise Giroud, der Grande Dame des Pariser Journalismus, zu lesen, das sie gemeinsam mit dem Philosophen Bernhard Henri-Lévy geschrieben hat. Es trägt den schönen Titel «Les hommes et les femmes» («Die Männer und die Frauen»). Stoff für Pariser Diner-Gespräche, Muss-Lektüre für die galante Themensammlung, aus der man hier mit leichter Hand zu schöpfen hat, denn Eloquenz und das lässige Einwerfen provokanter Thesen gehören einfach zu den als selbstverständlich vorausgesetzten Kulturfertigkeiten wie Schreiben, Essen, ohne zu Kleckern, und die Fähigkeit Ziegen- von Schafskäse unterscheiden zu können.

Heute steigt ein dicker schwarzer Mann in die schon überfüllte Metro ein. Er presst sich gerade noch rein, dann ertönt schon das Warnsignal an den Türen, und die Metro ruckelt los. Der Mann spricht laut mit sich selber, spuckt auf seine Füße. Das ist für eine Großstadt-Metro noch nichts Außergewöhnliches. Doch plötzlich fängt er in einem Gemisch aus seiner Muttersprache und Französisch an zu schreien: «Die Kriege, die Frankreich in der Welt führt! Eine Schande, ihr Scheißer!

Der Weltuntergang naht, ihr Scheißer!» Er spuckt wie ein zorniges Lama seinen verdutzten Nachbarn an, der sich nicht zu rühren wagt. «Ihr verdammten Scheißer!», brüllt er abermals und rollt die Augen. Ein Vietnamese, der am anderen Ende des Wagens zwischen Touristen und mit Plastiktüten beladenen Hausfrauen eingequetscht ist, fühlt sich aus welchem Grund auch immer angesprochen und schreit zurück. «Du bist der Scheißer, du Scheißer! *Merde, la merde!*»

Die Passagiere blicken verunsichert auf ihre Füße. Der Rhythmus der unverständlichen Beleidigungen wird immer wilder, die Aggressivität lädt die Luft im Abteil ungut auf, der Schwarze ballt seine rechte Faust, steckt den Mittelfinger aus, der Vietnamese brüllt: «Ach, du Affe, geh zurück auf deinen Baum, du Scheißer!»

Das war zuviel. Jetzt geht es los. Der Mann zwängt sich gewaltsam zwischen den eingequetschten Passagieren hindurch, dreht brutal ihre Arme auf die Seite, tritt den Leuten auf die Füße. Kinder fangen an zu brüllen. Ein kaum wahrnehmbares panisches Zittern läuft durch den Zug. Der Schwarze bleibt einen Meter vor seinem Gegner stehen, brutal an ein versteinertes blondes Mädchen gepresst und schreit weiter. «Ihr verdammten Scheißer, Franzosen, ihr Scheißer!»

Da fährt die Metro in den Bahnhof ein. Der Schwarze steigt aus, der Vietnamese bleibt im Zug. Beide brüllen noch ein paar Beleidigungen. Die Türen schließen sich wieder, wir sind den Verrückten los. Aufatmen. Der Vietnamese schimpft weiter vor sich hin. Die Shoppingdamen beginnen nun ihrerseits, den Vietnamesen wie einen kleinen Jungen auszuschelten. «Das reicht, Monsieur! *Ça suffit!* Das ist unmöglich, schämen Sie sich!» Er wird tatsächlich ruhig, schon ist die nächste Metrostation da, die Türen gehen auf.

Der ganze Spuk hat anderthalb Minuten gedauert. Erleichtert steige ich aus. Oben auf dem Boulevard merke ich, wie mein Herz immer noch rast. Liebe ich Paris wirklich? Dabei ist die Metro statistisch gesehen kein unsicherer Ort, denn die Kriminalität ist seit Mitte der 1990er-Jahre stetig zurückgegangen.

Mittwochfrüh
Ich glaube es nicht! Er ist schon wieder unterwegs, der schlechteste Geiger der Stadt, in der Metro, dieser Fiedler ohne Gehör. Es ist erstaunlich, dass man in dieser Millionenstadt doch ab und zu dieselben Leute wieder trifft. Er war in den vergangenen Tagen in den Linien 1, 2, und 4 zu hören. Ich kenne ihn seit einer knappen Woche. Er streicht mit seiner Geige durch die Metrowagen, ohne auch nur einen Ruhetag einzulegen und spielt noch schlechter als meine Cousine Friederike, die ihr Meerschwein als Kind mit ihren Etüden zu Tode schrapte. Da der alte Mann ein Künstler ist, bietet er uns auch heute ein ausführliches Programm über drei Stationen. Beim letzten Mal hat er uns mit Dvořáks ungarischen Tänzen verrückt gemacht, die er immer mal wieder einen Viertelton zu tief herunterratschte. Er erinnert mich an Albert Einstein, mit wirren weißen Haaren, dunklen runden Augen und einem kindlichen Strahlen auf dem Gesicht. Heute sind es irgendwelche Variationen über ein bekanntes Thema. Er lässt die Geige jauchzen, wimmern, kreischen mit der Begeisterung einer Amour fou. Die bei-

den Fahrgäste mir gegenüber sehen so gequält aus wie ich. Ich halte die Zeitung vor mein Gesicht und versuche, trotz des Lärmes zu lesen, aber es hilft nichts, die Töne kommen durch. Er wird sicher erst nach zehn Minuten aufhören und mit dem Becher rumgehen, also kann ich ihm auch nichts geben, damit er jetzt sofort, auf der Stelle aufhört. Immer mehr Leute fassen sich hilflos an den Kopf, verziehen gequält das Gesicht, aber niemand traut sich, dem Jaulen Einhalt zu gebieten. Die nächste Station ist noch weit. Was ein wahrer Pariser ist, der ist an vieles gewöhnt. An arabische Gedichterezitierer, portugiesische Fado-Sänger und alte Männis, die *La vie en rose* auf dem Akkordeon spielen und verschmitzt dabei gucken, wohl wissend, dass den Touristen das gefällt.

Doch schließlich hat ein Fahrgast den Mut zu protestieren. Ein winziges Baby. Es hat während der ersten Takte noch am Busen der Mutter gelegen und unter einem diskret drapierten Tuch zufrieden geschmatzt. Doch als die Töne immer lauter und schriller werden, sieht es irritiert auf, blickt den Störenfried an und brüllt los. Der Geiger hält daraufhin ebenso irritiert ein, blickt das Baby an und hört auf zu spielen. Das Baby wendet sich wieder dem Busen, der Geiger seinem Instrument zu. Sofort setzt das Baby den Mund ab, dreht den Kopf zu diesem Störenfried und sieht ihn finster – dass Säuglinge so erzürnt aussehen können! – an. Und fängt an, markerschütternd zu brüllen. Viel, viel lauter als der Fiedler spielt. Viel, viel lauter als die Bahn rattert. Es läuft rot an, hat die Augen zugekniffen und brüllt, als schüttele es der Teufel. Nach dem Motto: Wir werden mal sehen, wer hier mehr Krach macht, *mon vieux*.

Schüchtern macht Einstein mit der Fiedel noch einen letzten Versuch. In der ersten Sekunde, als der erste Ton erklingt, jault das Baby auf, obwohl die Mutter versucht, ihre Brust in seinen Mund zu stopfen, keine Chance, es brüllt, es schlägt um sich und hinterlässt Kratzspuren auf dem Hals der armen Mama. In diesem Moment muss ich so lachen, dass mir die Tränen kommen. Reihum fallen die anderen Passagiere in das Lachen ein, bis der halbe Wagen lacht. Das Baby kümmert sich um nichts und trinkt gemütlich weiter, nachdem es für Ruhe gesorgt hat. Der Geiger geht sichtlich beleidigt in einen Wagen weiter vorne durch, um dort sein Glück zu versuchen. *Merci, bébé.* Am Triumphbogen nehme ich im Laufen einen Schluck aus der Urban-Jungle-Wasserflasche auf seine Gesundheit.

Donnerstagfrüh
Regenprasseln gegen das Fenster. Bei einem Blick durch die Scheibe sehe ich die Leute vor dem Theater von Pfütze zu Pfütze springen und weiß: Heute ist ein Tag zum Flanieren in den *grands magasins!* Wenn die Metro die Pflicht eines Pariser Flaneurs ist, so sind die Kaufhäuser seine Kür – und das nicht nur für Frauen, die ja angeblich mit einem Shopping-Gen zur Welt kommen. Die vier großen Kaufhäuser der Stadt heißen «Printemps», «Galeries Lafayette», «Le Bon Marché» und «BHV» und sind eine Art Zoo für unbelebte Materie, die man wie ein Kind bestaunen kann. Und man zahlt keinen einzigen Euro Eintritt! Online-Shopping? Vergiss es! Was gibt es Schöneres, als an einem Regentag riesige Hüte anzuprobieren oder die neue Aufnahme von Händels *Rinaldo* zu hören?

Bei schlechtem Wetter kann man durch sämtliche Abteilungen vom Keller bis zur Dachterrasse wandeln, zwischendurch Stopps in den Teesalons einlegen und Leute beobachten. Kaufen muss man gar nichts, dafür ist es hier zu anonym. Inmitten der Vorstädterinnen, die ein Schnäppchen bei den Gardinen machen wollen, der Touristen, die kilowiese Schals für ihre Freunde einpacken, und der Pariser Brautpaare auf der Suche nach dem Geschirr fürs Leben fällt man nicht auf.

Im 19. Jahrhundert revolutionierten diese Megastores die Idee des Einkaufens. Einfach riesig! Einfach luxuriös! Einfach alles! Bezahlbar! Auch heute gehören sie noch zu den Sehenswürdigkeiten der Stadt, die von allen Touristen so begeistert besucht werden wie der Eiffelturm. Tatsächlich stehen die meisten unter Denkmalschutz. Der Schriftsteller Emile Zola hat diese Kolosse, die ganze Stadtviertel einnehmen, «Kathedralen des modernen Kommerzes» genannt, und bis heute ist das wahr. Denn die Kunden öffnen in der festlichen Umgebung der Belle-Époque-Architektur so willig ihre Geldbörsen wie es früher die armen Sünder in Kirchen getan haben mögen, in der Hoffnung, durch Almosenzahlungen ins Paradies zu kommen. Nur ist das Ziel der Besucher nicht, in den Himmel aufzufahren, sondern volle Tüten nach Hause zu schleppen. Inmitten der Prachtentfaltung der Waren, in diesem Rausch aus Hüten, Ballkleidern, Büchern, Schuhen, Teppichen und spitzenbesetzten Unterhöschen, benebelt von parfümierter Luft, beschwingt von Musik und animiert von hübschen Damen verliert man leicht den Realitätssinn. In jeder Saison wird diese Sucht von den hauseigenen Kreditabteilungen angeheizt, die mit Kundenkarten und Sonderkonditionen die Käufer an sich binden wollen. Sie sind nicht flüssig? Kein Problem: Zahlen Sie in Raten! Sie möchten das Home Cinema? Wir gewähren Kredit! An den Zinsen verdient das Haus dann noch mal, natürlich. Selbst schuld, wer da noch Hemmungen hat. Das führt dazu, dass zahlreiche Haushalte wegen solcher Konsumkredite verschuldet sind.

Randbemerkung: Dass die großen Kaufhäuser es bis heute nicht geschafft haben, auf allen Etagen anständige Kundentoiletten einzurichten, ist entweder eine Unzulänglichkeit der lateinischen Kultur oder geschieht in der Absicht, Touristen abzuschrecken, die zwischen Museumsbesuch und Bootsfahrt mal müssen. Im Gegensatz zu den angelsächsischen *powder rooms* sind sie schwer zu finden, meist überfüllt und entsprechen nicht gerade dem neusten Standard. Früher, als das «Samaritaine» noch nicht wegen Renovierung geschlossen war (es diente als wunderbare Kulisse in Leos Carx' Film *Les amants du Pont Neuf)* gab es Art-déco-Toiletten, die einen Umweg wert waren. Heute sind die besten Klos im «Printemps» zu finden. Jeder Besuch kostet stolze 1,50 Euro (also nichts für kinderreiche Familien!), dafür kann man im «Point WC» zwischen verschiedenen Arten von Klos wählen: große Boudoir-Kabinen mit luxuriösem Designer-Papier oder japanische Unterbodendusche. Dazu gibt es einen Showroom mit Klobürsten von internationalen Designern, schwarzem Wischpapier und schicken Reinigungsmitteln. Atemberaubend!

Point WC im Printemps

Das schickste Kaufhaus-Klo der Stadt
102, rue de Provence
www.printemps.com
Ⓜ *Havre – Caumartin*

So bin ich an diesen Regentag auf dem Weg zum «Printemps» mit seiner schönen Jugendstilkuppel, wo es nebenan bei dem Franchisefrisör «Jean Louis David» einen ganz ordentlichen Haarschnitt für nur 50 Euro gibt. Irgendwo muss man ja mal mit dem Sparen anfangen, nachdem man in Paris bei Streifzügen durch die Stadt am Tag locker 50 Euro für nichts, aber wirklich das ganz große Nichts ausgibt. Nur Wasser, Sandwiches und Metrotickets! Zwar kann ich den schnellen Frisörmädchen, die nicht mit Scheren, sondern mit Messern arbeiten, nie ganz erklären, wie sie die Haare schneiden sollen, aber meistens ist das Ergebnis trotz der Missverständnisse besser als bei meinem Frisör in Deutschland.

Heute ist in der Metrostation am Boulevard St. Martin nicht viel los, die Menschen sind schon im Büro oder bleiben im Bett. Bei der unterirdischen Abzweigung, die zum Bahnsteig führt, höre ich plötzlich eine durchdringende Stimme, die ruft:

«Excuse me, excuse me!!!!» Zwei ältere Damen laufen mir eilig nach, es müssen wohlhabende Amerikanerinnen sein. Sie sind auf diese unbeschwerte Weise geschminkt, mit ausreichend Goldschmuck dekoriert, sie haben blonde Big-Hair-Frisuren und strahlen mich begeistert an. «Excuse me, but we're lost! Do you go to the ‹Printemps›? You look as if you're going to the ‹Printemps›!», sagt die eine.

Ich bin sprachlos! Sieht man mir tatsächlich an der Nase an, dass ich heute in die großen Kaufhäuser unterwegs bin, um im Trockenen zu flanieren? Ich könnte ja auch auf dem Weg zum Zahnarzt sein. Ich muss lachen und antworte den beiden: «Ich fahre wirklich in Richtung ‹Printemps›! Soll ich Sie mitnehmen?» So schleppe ich die beiden begeisterten Ladys mit in die Metro und erfahre auf dem Weg zum Kaufhaus alles über ihr Leben. Dass sie Lilly und Betty heißen und eine Woche in Paris sind, um im «Cordon bleu» einen Kochkurs zu besuchen. Dass sie in Paris immer just in den Metrozug steigen, der in die Gegenrichtung zum eigentlichen Ziel fährt und sie sich dann am falschen Ende der Stadt wiederfinden. Aber Taxifahren wollen sie auf keinen Fall, weil die Metro doch «so romaaaaantic» sei. Heute will Lilly ein ehemaliges Au-Pair-Mädchen treffen, das vor 20 Jahren bei ihr in Alabama gearbeitet hat. «Wir haben uns bei einer Dessous-Modenschau im ‹Printemps› verabredet! Ist das nicht *romaaaantic*?», fragt mich Lilly begeistert. Ich nicke zustimmend. Betty will derweil ihr Auge auf die neue Prêt-à-Porter-Luxus-Abteilung werfen.

«Und was wollen Sie im Kaufhaus?», will Betty von mir wissen.

Ich erkläre ihnen die Sache mit dem Flanieren an Regentagen und dem Frisör.

Lilly und Betty sind hingerissen. «Betty, *Sweet Pea*, wollen wir nicht auch gleich beim Frisör vorbeischauen?», fragt Lilly ihre Freundin.

«Was für eine brillante Idee!», findet *Sweet Pea*.

Ich versuche, mir die beiden mit einer Jean-Louis-David-Wuschelfrisur vorzustellen und muss heimlich grinsen. Die Frisörin wird ihnen bestimmt auf energische Weise irgendeinen Schnitt mit dem Messer verpassen und kein Wort Englisch sprechen. Sie werden sich die gewohnten Massen an Haarschaum und Klettwicklern herbeiwünschen, wenn die Frisörinnen ihnen mit festen Händen die Haare unter dem lauwarmen Fön herumwuscheln und nach drei Minuten sagen: «Sie sind fertig», und man eigentlich findet, man sehe aus wie gerade aus dem Bett gestiegen. Oder eben lässig pariserisch.

Ich bringe die beiden Ladys bis in die Haupthalle des Kaufhauses und kann mich nun guten Gewissens von ihnen trennen. Als ich mich verabschiede, hält mich Betty am Arm fest und sagt gerührt: «Sie waren so nett zu uns, ich werde Sie nie vergessen!», greift an ihr Handgelenk, nimmt eines der zahlreichen Goldarmbänder ab, nimmt meine Hand in ihre Hand und streift es mir über. «Remember me!», sagt sie, hakt ihre Freundin unter, und die beiden verschwinden in Richtung Taschenabteilung.

«Denk' an mich!» – während des Wegs zum Frisör drehe und wende ich das Armband, das mir eine Frau aus Alabama geschenkt hat, die in Paris mit 60 Jahren im «Cordon bleu» endlich kochen lernen will. *J'adore!*

So blöd es klingt, in Paris kann man auch im Sitzen flanieren. Der Rhythmus der Stadt nimmt einen mit, auch wenn man gar nichts tut und nur schaut. Denn sie ist eine Bühne, auf der die Menschen vorbeigehen. Das ist auch in Kairo, New York oder Madrid so, aber in Paris, so scheint es mir, ist diese Schau noch subtiler, interessanter und überraschender. So bedenkt mich der Freitag, als ich auf der Terrasse des Weinbistros «Ma Bourgogne» unter den Arkaden an der Place des Vosges

Ma Bourgogne

*Klassisches Wein-Bistro
in filmreifer Lage
19, place des Vosges
www.ma-bourgogne.fr
Ⓜ St. Paul oder Chemin Vert*

im Marais sitze, mit einem Fremden, den eine, sagen wir, schillernde Psyche kennzeichnet. Wir haben ein solides Mittagessen hinter uns. Lachs-Tartar, Coq au vin, Apfeltorte. Eine Flasche Beaujolais. Nun döse ich beim Kaffee leicht vor mich hin, während mein Mann in ein Spezialgeschäft gegangen ist, um Tür-Keile zu kaufen.

Am Nebentisch nimmt ein unscheinbarer Mann Platz und bestellt dasselbe Menü, das auch wir gegessen haben. Er begegnet zufällig meinem Blick und sagt:

«Ich hätte gerne Ihre Meinung, Madame! Ich habe Fotos von meiner Katze gemacht, die ich meiner Mutter schenken will. Welche finden Sie am besten?»

Schon hat er einen Stapel große Fotos aus einer Tasche geholt und hält sie mir vor die Nase.

«Wie finden Sie die?» Das Bild zeigt eine kleine rote Babykatze auf einem Ledersofa.

«Niedlich.»

Er sieht zufrieden aus.

«Wirklich? Sie sagen das nicht nur, um mir eine Freude zu machen?»

Das nächste Foto zeigt die Katze von der anderen Seite.

«Oder lieber das?»

«Auch hübsch», sage ich.

«Oder lieber das?» Die Katze blickt in die Kamera. Sieht aus wie eine Babykatze, die in die Kamera guckt.

«Ich würde das nehmen, das ist so persönlich», rate ich ihm.

Er lächelt.

«Meinen Sie wirklich?»

Da zeigt er mir noch ein Foto. Nun hält eine junge Frau mit langen blonden Haaren die Katze im Arm.

«Wie finden Sie das?»

Ich sage gar nichts, denn wenn ich ihn frage, wer das ist, ob seine Mutter sie kennt und so weiter, werde ich ihn nie wieder los.

«Ich würde das auf dem Sofa nehmen», sage ich und wende mich halb ab.

«Oder dieses hier?», fragt er weiter und hält mir ein anderes Bild hin. Auf ihm ist die Frau splitterfasernackt und zwischen ihrem riesigen Busen liegt die Katze eingekuschelt und schläft. Er sieht mich forschend an.

«Ich würde das auf dem Sofa nehmen», beharre ich. Wo bleibt nur mein Mann? Dieser Typ scheint ja ein Perverser zu sein! Ich vertiefe mich in den Stadtplan, doch keine Chance. Er legt mir ein Foto über das Buch.

«Oder lieber das hier?», sagt er leise in mein Ohr.

Die Katze liegt auf der blonden Frau, nur diesmal auf ihrem Bauch. Sie hat ihren Kopf auf dem Schamhaar abgelegt und blickt gelangweilt auf die dicken weißen Beine der Nackten. Die eine Hälfte der Schamhaare ist blond, die andere Hälfte schwarz.

«Nehmen Sie das Foto auf dem Sofa und lassen Sie mich in Ruhe», sage ich, klappe den Stadtplan zusammen und halte verzweifelt Ausschau nach dem Kellner, um zu zahlen. Warum habe ich nicht besser gelernt, unfreundlich zu sein!?

Er nimmt sanft das Foto weg, fast schüchtern, lässt sich aber nicht beirren.

Er legt mir die Hand auf die Schulter und sagt: «Ich mag kleine Katzen, Sie auch?»

«Ich bin allergisch», sage ich, stecke den Stadtplan ein, nehme den Mantel, stehe auf und gehe zielstrebig raus auf den Platz. An die Rechnung denke ich nicht. Stürme quer durch das Marais, die Rue de Rivoli runter bis zum Kaufhaus mit den verdammten Keilen. Es ist ein Wunder, dass ich meinen Mann tatsächlich im Gewühl der Handwerkerabteilung finde. Er ist in eine Schachtel mit Holzteilen vertieft. «Ah, bist du schon da?», sagt er. «Magst du kleine Katzen?», frage ich.

Der schönste Park zum Flanieren ist und bleibt der Tuileriengarten mit seinen Lindenalleen. Er erstreckt sich von der Place de la Concorde bis zum Louvre und bildet eine wahrhaft königliche Achse. Man kann die Leute des Viertels beobachten, die sich am großen Wasserbassin auf einem der zahllosen Metallstühle niedergelassen haben, um zu lesen, zu dösen oder sich mit Freunden zu unterhalten. Oder einen Kaffee trinken. Das tue ich heute, am Samstag.

«Pardon Madame», sagt da plötzlich jemand hinter mir. Ich drehe mich um und sehe einen jungen schwarzhaarigen Mann in Shorts und Polohemd vor mir, der eine Kamera in der Hand hält. «Sie werden meine Frage etwas seltsam finden, aber dürfte ich Ihre Füße fotografieren?»

Meine Füße fotografieren? Warum sollte jemand meine Füße fotografieren?

«Ich bin Künstler und bereite eine Ausstellung über Füße vor und suche Real-Life-Modelle», erklärt er schüchtern. «Wären Sie bereit, Ihre Schuhe auszuziehen?».

Das finde ich suspekt. Ich bin sicher eine latente Schuhfetischistin. Aber Füße?

«Wo wollen Sie die Bilder denn ausstellen?», frage ich.

«Ich suche einen Verlag, der ein Buch daraus macht», sagt er unsicher.

Irgendetwas an diesem Mann ist komisch.

«Wissen Sie, Füße sind etwas sehr Persönliches, ich behalte sie lieber für mich.»

«Deswegen will ich sie ja entblößen, um ihre Reize zu zeigen», antwortet er.

Das geht zu weit.

Doch er merkt, dass ich ihn als Person so merkwürdig finde, dass er mich für einen kurzen Moment fesselt. Ich sage trotzdem entschieden nein und wünsche ihm einen schönen Tag. Er geht langsam die Allee in Richtung Louvre runter und kreist um andere Bänke. Seltsamer Mann. Ob er wirklich Künstler ist? Ich erzähle diese Geschichte am Abend einem Freund. Er lacht und sagt: «Du bist ja wirklich naiv! Es gibt viele Leute, die Fußfetischisten sind und besonders die Spalten zwischen den Zehen sehr erotisch finden. Wahrscheinlich hätten sich deine Füße bald im Internet wiedergefunden!»

Am Tag des Herrn, dem auch in Paris ruhigen Sonntag, erleben wir einen Zauber, einen Zauber, der uns daran erinnert, dass das Leben hier einen nicht nur wunderliche Menschen treffen lässt, sondern ein Fest ist. Man muss nur mit offenen Augen durch die Stadt gehen. Es gibt wohl nichts Schöneres als im milden Nachmittagslicht durch die Arkaden des Palais Royal zu schlendern. Das Palastensemble mit seinen verträumten, formellen Gärten wurde im 17. Jahrhundert für Kardinal Richelieu erbaut und wandelte sich später zu einem Vergnügungszentrum voller Bars und Freudenmädchen. Viele bekannte Politiker des 18. und 19. Jahrhunderts diskutierten in den Cafés über die Rolle von Freiheitsrechten, englische Adlige verloren in den Spielhöllen in einer Nacht ihr ganzes Vermögen. Später richteten sich Colette und Jean Cocteau ihre Wohnungen hier ein. Heute ist das Palais Royal auch für seine charmanten Geschäfte bekannt. Fragte man mich, wo man noch das wahre Paris abseits des Klischees findet, würde ich sagen: im Palais Royal. Hier gibt es noch Läden, die Dinge verkaufen, die man nicht unbedingt zum Leben braucht, an die man sich aber ein Leben lang erinnert: alte Orden, seltsame Skulpturen, Dior-Kleider aus dem Jahr 1969. Edle Parfums, Gartengerät, so schick, dass man damit den Tisch decken könnte. Als wir heute vor dem Laden einer afrikanischen Prinzessin stehen bleiben, die selbst gemachten Modeschmuck verkauft, hören wir von ferne Tango-Musik. Wir sehen uns verschwörerisch an und gehen Arm in Arm langsam in Richtung Musik.

Am Ende der Arkaden bewegen sich im Halbdunkel zwei blutjunge Tänzer zu den Klängen, die aus einem billigen CD-Player kommen, der auf dem Boden steht. Ihre Rucksäcke lehnen an der Wand, und ihre fliederfarbenen Sweatshirt-Jacken haben sie nachlässig auf den Boden geworfen. Sie tanzen wie in Trance, weltvergessen und doch auf einer Bühne, ernsthaft und wie Wesen aus einer anderen Welt. Mit ihren schwarzen langen Haaren und der bleichen Haut sind sie wunderschön, schlank, wie es nur Tänzer sind, ganz ernst, wie es nur ganz junge Tänzer sind, zerbrechlich schön. Er folgt den Armkurven, die sie in die Luft malt, beugt sich über sie, umarmt sie, gibt sie frei, sie folgen sich wie im Traum. Sie sollen niemals aufhören, diese magischen Gestalten, die in die Dämmerung tanzen. Wir beten zu Gott, dass sich niemand zu uns gesellt, und diese Bitte wird erhört. Ganz allein sehen wir diesen beiden lange zu, eine Intimität entsteht, die mit Voyeurismus nichts zu tun hat. Denn sie bieten sich in diesem halb öffentlichen Raum dar, müssen damit rechnen, dass jemand diese Übungsstunde oder dieses Fest zweier Körper beobachten wird. Sie tanzen um die Säulen, verstecken sich, trennen sich im Halbdunkel der Arkaden, finden sich wieder. Als die Musik pausiert, kommt ein kleiner buckliger Mann durch einen Bogen geschritten. Er trägt ein mitternachtsblaues Cape und hat ein Gesicht wie ein Monster. Ein Monster, ein Monster, ein Monster! Ich muss hinsehen, ich muss wegsehen, so grauenhaft ist das Gesicht dieses Menschen, so furchtbar sieht sein pockennarbiges, warzenübersätes Schuppengesicht aus. So kann kein Mensch aussehen! Als ich ihn dann nochmal anzusehen wage, erblickt man nur noch seinen Hinterkopf. Aus den schwarzen Haaren ragt ein kleines Horn. Der neue Tango der Tänzer beginnt, sie verknoten die Beine ineinander, und der Hornmann entfernt sich weiter. Ich halte den Atem an. Drüben, in der Kantine der Comédie Française, gehen die Lichter an.

Palais Royal

Vintage-Couture, Parfums und Kunst unter Arkaden des 17. Jahrhunderts
8, rue Montpensier
www.domaine-palais-royal.fr
Ⓜ *Palais Royal*

Lieber klein, aber fein. Der Weg zur perfekten Wohnung

In Paris muss man «speed» sein! «Il faut être speed!». Das wussten wir schon, bevor wir uns im Mikro-Studio unserer Freunde einquartiert hatten, um in Paris auf Wohnungssuche zu gehen. Wenn man nicht fix ist, kann man in dieser Metropole, in der es immer klügere, reichere und raffiniertere Konkurrenten gibt, seine Karriere ab dem vierten Lebensjahr vergessen. Man bekommt weder Opernkarten noch gute Restaurantplätze – von einer gescheiten Wohnung ganz zu schweigen. Die Immobilienpreise *intra muros,* also innerhalb der 20 Stadtviertel, sind in den vergangenen Jahren kontinuierlich gestiegen. Sechs Quadratmeter große Löcher, *studettes* genannt, werden in mittelguten Vierteln für den Kaufpreis von 45000 Euro angeboten, Klo und Dusche auf dem Flur, 6. Etage. Ein *appartement familial*, drei, vier Zimmer mit Küche und Bad gehen bei 2500 Euro Monatsmiete los. So müssen immer mehr junge Familien, obwohl meist Doppelverdiener, in das weitere Umland ziehen, da sie noch nicht einmal einen Kredit für eine Vier-Zimmer-Wohnung bekommen. So ist es in Paris vollkommen normal, sich innerhalb von fünf Minuten für eine 1,5 Millionen Euro teure Wohnung entscheiden zu müssen, da jeder Makler den Wert guter Immobilien kennt und es sich leisten kann, mit den Füßen zu scharren, wenn man auf die unverständliche Idee kommt, die Maße der Fenster nehmen zu wollen. Auch wir mussten nach den gemütlichen Flaniertagen dieser harten Realität ins Gesicht sehen.

Selbst wenn man nicht kaufen, sondern mieten möchte, braucht man in Paris relativ viel Geld, wenn man in guter Lage wohnen will. Gute Lage, das heißt: ruhig, in der Nähe der Metro, Geschäfte um die Ecke, etwas Grün und ein Stromnetz, das nicht aus der Zeit nach dem Ersten Weltkrieg stammt. Von einem privaten Parkplatz kann man meist nur träumen. Viele Makler verlangen, dass man das Drei- bis Vierfache der Monatsmiete verdient, um als seriöser Mieter infrage zu kommen. Man muss sich bis aufs letzte Hemd ausziehen, um das zu beweisen. So sind die letzten drei Gehaltszettel vorzulegen, dazu Steuererklärungen der vergangenen zwei Jahre, Kopien der Personalausweise – und, so man hat, die letzte Stromrechnung sowie den berühmten *justificatif de domicile,* den Wohnsitznachweis. Außer einundhalb Monatsmieten Provision muss man eine Anzahlung über zwei Mieten als Kaution stellen. Alles in allem eine hübsche Summe.

Wir waren von diesem brutalen Immobilienmarkt so schockiert, dass wir nach einer Woche Wohnungssuche fast bereit waren, Paris aufzugeben. Wir lasen tagelang die Anzeigen auf den Webseiten von «Le Monde», und «Le Figaro» und beim Onlineanbieter Seloger. Massenhaft Angebote. Aber nirgends die bezahlbare Traumwohnung. Wir

Seloger
www.seloger.com
bestes Internet-Portal
für Immobilien

waren eben nicht mehr 20 Jahre alt und fanden es mühsam, am lauten Boulevard Barbès an der Bushaltestelle in einem abgewrackten Dienstmädchenzimmer für 500 Euro zu leben.

An jenem verschneiten Winterabend, an dem wir im «Figaro» die Immobilienanzeigen studiert hatten, waren mir die Preise bereits hoch erschienen – aber abstrakt und weit weg. Hier sah das ganz anders aus. Nur wenige Paare wohnen in Paris zu zweit in vier Zimmern, so wie wir es in Deutschland getan hatten. Für Pariser Verhältnisse ein Palast. Meine Traumwohnung am Marsfeld, die bezahlbar gewesen wäre – der Himmel für einen Single, der ein 40-Quadratmeter-Zimmer mit vier Meter hohen Decken und Marmorboden aus dem Jahr 1896 zu schätzen weiß. Aber 40 Quadratmeter waren definitiv zu wenig. Die anderen preislich noch zu ertragenden Wohnungen hatten alle einen Haken. In der coolen Rue du Bourg-Tibourg im Marais, in der Stars aus der ganzen Welt ihren Tee kaufen und die schönsten Schwulen der Stadt die Nächte durchfeiern, kamen wir kaum die verwinkelte Treppe aus dem 17. Jahrhundert rauf in die große Dachwohnung. Das Bad – eine muffige Grotte. Vielen Dank. Die kleine, aber hochherrschaftliche Wohnung im 16. Arrondissement in der Nähe von Balzacs Haus, mit hohen Stuckdecken, Spiegelwänden und Innenhof hatte nur den kleinen Makel, dass die Metro, die unter dem Haus durchfuhr, alle drei Minuten Boden und Wände beben ließ.

Mariage Frères Thés

Stammgeschäft im Marais, Teesalon im Kolonialstil
30, rue du Bourg-Tibourg
www.mariagefreres.com
Ⓜ *Hôtel de Ville*

La Maison Balzac

Wohnhaus des Schriftstellers, romantisches Museum
47, rue Raynouard
www.maisondebalzac.paris.fr
Ⓜ *La Muette*

An diesem Tiefpunkt unseres Lebens rettete uns mal wieder Clotilde. Denn in Paris muss man nicht nur Glück haben, schnell sein oder eine Erbschaft in der Hinterhand haben, sondern sollte am besten auch noch bestens vernetzte Freunde besitzen, um zu einer guten Wohnung zu kommen. «Konzentriert euch bei der Suche auf die Arrondissements, die euch wirklich gefallen – und halbiert die erträumte Zimmerzahl», riet sie uns. In die beste Wohnliga gehörten laut unserer gut informierten Freundin die schönen Pariser Viertel im Westen, das großbürgerliche 16. Arrondissement und direkt daneben das neureiche Neuilly. Extrem teuer, zu teuer für uns, wie wir bereits festgestellt hatten. Oder eben nur zwei Zimmer. Als Alternative zu diesen klassisch schönen Pariser Wohnvierteln empfahl unsere Freundin: «Wenn ihr nicht unbedingt in Paris selbst wohnen wollt, möglich wäre ja noch das coole 10. Arrondissement am Canal St. Martin, dann zieht raus in den Westen, in den Geburtsort des Sonnenkönigs, mit Blick auf den Eiffelturm! Von Saint-Germain-en-Laye aus braucht man nur 25 Minuten mit der RER zur Oper.» Sie schwärmte von der majestätischen Lage des Ortes hoch über Paris, dem fantastischen Renaissanceschloss und seinem Park, einer kilometerlangen Terrasse über der Seine, von dem opulenten Markt, dem internationalen Treiben dort, da es in dem Ort das «Lycée international» gab. Saint-Germain-en-Laye. Wir erinnerten uns bei diesem Namen dunkel an Geschichtsstunden. Unterzeichnung der «Pariser Vorortverträge» im Jahr 1919 zum Ende des Ersten Weltkrieges. Der Untergang der Habsburger Monarchie, das war alles, was uns dazu einfiel. Paris verlassen, um außerhalb zu wohnen? Vor den Pariser Innenstadtmieten und dem Stress kapitulieren? Den Traum vom Marsfeld aufgeben und fast schon jenseits des Schattens des Eiffelturms suchen? Den aufregenden Speed-Rhythmus gegen die beschauliche Ruhe eines Schlossparks mit Buchskegeln eintauschen und auf die Frage von Freunden antworten wie alle Paare Mitte 30: Wir wohnen außerhalb. – Andererseits, wenn Clotilde, die Ur-Pariserin, diese Lage für erstrebenswert hielt, war es wohl einen Versuch wert.

«In Paris muss man *speed* sein!» Das war tatsächlich der erste Satz, den uns die Maklerin entgegenschleuderte, die uns an einem Vormittag die in Saint-Germain-en-Laye gelegenen Schätze ihrer Agentur präsentierte. Eine kleine nervöse Mademoiselle. Es war schwierig gewesen, mit ihr am Handy einen Termin zu vereinbaren, da sie wohl ständig auf ihren schwindelerregend hochhackigen schwarzen Stiefeln von Besichtigungstermin zu Besichtigungstermin raste, innerhalb einer Viertelstunde Millionenverträge abschloss oder in der Metro festsaß. Aber jetzt gewährte sie uns Audienz. Sie kam 40 Minuten zu spät, schwenkte ihre elegante schwarze Aktentasche entschuldigend in Richtung RER («Dass die Leute auch immer vor den Zug springen müssen, ätzend!»), ein fester Händedruck, ein kurzes Lächeln aus ihren riesigen schwarzen Augen, ein Hauch Parfum wehte uns an.

Unser erster Eindruck von Saint-Germain-en-Laye: perfekte Kulisse für einen Film über das idyllische alte Frankreich. Sandstein-Häuser aus dem 18. Jahrhundert mit Schieferdächern und blauen Fensterläden. An jeder Ecke Bäckereien. Mütter, die mit vier Kindern an der Hand aus den Bäckereien kommen. Und ein großes Theater gleich neben dem Schloss, in dem die berühmtesten Schauspieler Frankreichs in intimem Rahmen Gastspiele geben. In der Ferne die Bürotürme von La Défense, noch weiter hinten grüßt der Eiffelturm.

Bald fuhren wir mit einem rotsamtenen Fahrstuhl in die vierte Etage, um ein Vier-Zimmer-Appartement direkt am Schlosspark anzusehen. Während unsere Maklerin schon wieder am Handy hing, hatten wir Zeit, uns in der Wohnung umzusehen: große helle Zimmer, Glastüren, cremefarbene Wände, pfirsichfarbener Teppichboden und drei Toiletten. – Drei Toiletten?

«Sie können doch ein Klo in einen Ankleideraum umwandeln, das Wasser abstellen und Kleiderstangen anbringen», sagte die Maklerin auf unsere erstaunte Frage und wählte bereits wieder eine Nummer auf ihrem Mobiltelefon. Ich merkte, wie mein Mann bereits leuchtende Augen bekam und davon träumte, hier seine Comic-Bibliothek unterzubringen und sich bei einem Glas Wein zur Lektüre zurückzuziehen. Doch fuhren vor dem Haus die Schulbusse ab. Ob die Maklerin nicht etwas Ruhigeres hätte? Sie war vollkommen verwundert. «Das ist doch eine superruhige Lage! Das hier sind neue Doppelfenster ... Sie müssten mal nach Paris kommen, da hören Sie wirklich die Busse!» Das stimmt natürlich, wenn man überlegt, in welcher Verfassung das Gehör der Leute ist, die am Boulevard du Montparnasse nach vorne raus wohnen. Aber genau das wollten wir ja nicht. Wir lehnten ab.

Der nächste Makler pries uns ein winziges Haus mit Blick auf Paris an, ein «minuscule maison avec un charme fou». Allein die Satzmelodie ließ mich dahinschmelzen, und auf den «verrückten Charme» war ich sehr gespannt.

Tatsächlich, das Haus lag in einer nach Flieder duftenden Allee neben einer Villa im normannischen Stil. Eine leicht heruntergekommene Fassade, dunkelgrüne Fensterläden, ein verwilderter Vorgarten mit Erdbeeren, Gräsern und Rosen. Das Tor knarrte unheimlich, als wir reingingen. Anaïs-Nin-Atmosphäre. Ein echtes Puppenhaus. Alles mini. Unten ein zweiflügeliger Salon und die Küche, oben zwei Zimmer, ein kleines Bad. Holzgetäfeltes Treppenhaus, ein kleiner Keller. Von der Küche aus führten Terrassentüren direkt in den Garten mit einem Pavillon und einer alten Voliere. Ich begann sofort zu träumen. Im Sommer ein Tisch unter dem Maulbeerbaum, mit Köstlichkeiten bedeckt ... An faulen Juliwochenenden würden wir uns von unseren Teakholzliegen zublinzeln, mit dem Strohhut auf dem Kopf lesen ...

Das einzige Problem war nur: Wo sollten die 90 Quadratmeter sein, die auf meinem Maklerzettel standen? Ich schätzte das Ganze auf vielleicht 65 Quadratmeter. Wo war nur der Rest hingekommen? «Der Sommerpavillon und der Schuppen zählen mit, Madame», sagte der Makler. «Den Pavillon können Sie ganz charmant an warmen Tagen zum Mittagessen benutzen oder als Gästezimmer», pries er sein Objekt an.

Ich war nicht überzeugt, dass das als Gäste- und Arbeitszimmer so ideal sein würde. Meinen Freundinnen würden bestimmt die Arabesken auf den Kacheln gefallen, nicht aber die feuchten Wände und die Tatsache, dass es keine Heizung gab. Auch der Computer wäre sicher nach ein paar Nächten hinüber.

«Ist das Nebengebäude ab dem Herbst nicht unbewohnbar und muss aus den Quadratmetern herausgerechnet werden?», fragte ich vorsichtig.

«Na, im Winter können Sie sich doch leicht mit einer Heizung auf Rollen behelfen!», schlug mein Makler vor.

Warum auch nicht? Ich sah mich im Garten schon quadratische Gemüsebeete anlegen, mit Rosen und Buchsbaum umzäunt, so wie im Zaubergarten von Villandry an der Loire.

«Also, was nun, geben Sie mir eine Anzahlung?», unterbrach der Makler meine Träumereien. Anzahlung? Ich war mir nicht sicher. Denn ich stand gerade in der Küche und sah den Ameisen zu, die eine Autobahn an der Wand angelegt hatten. Die Decken hatten lange, sehr lange, keine neue Farbe mehr gesehen.

«Wird das Haus in diesem Zustand vermietet oder wird es vorher noch gestrichen?», fragte ich.

«Das muss man sehen, *normalement* ist das die Sache der Mieter. Die Vermieterin ist eine alte Dame, die im Süden bei ihren Kindern lebt. Das ist alles gar nicht so einfach ...», sagte er und trat von einem Fuß auf den anderen.

Ich sah mich schon wie Michelangelo rücklings auf einem Gerüst liegen und die Decke streichen, aus deren Ritzen fröhlich die Ameisen krochen. Wir zwangen uns, an Regentage im Januar zu denken, wenn die Geschirrtücher in der Küche nicht trocknen würden und ich einen Gärtner würde anrufen müssen, damit er die nassen Beete umwühlt. Das Gartenparadies mit dem «verrückten Charme» wurde zum Alptraum. Wir lehnten ab.

Frustrierend. Jetzt hatten wir es beide geschafft, Arbeit in Paris zu finden und unser Leben in Deutschland aufzugeben – hatten aber keine Wohnung. Wo sollten wir bloß bleiben? Das 15-Quadratmeter-Studio in Paris war ohne Zweifel wahnsinnig gemütlich, wurde aber langsam so eng, dass wir uns bald in der Sitzbadewanne gegenseitig erwürgen würden. Spätestens Anfang Juli, wenn sich das Zimmer aufheizen und der Zeitungsstapel das Bettsofa überwuchern würde.

So rief ich noch einmal Clotilde an und schilderte unser Problem. «Ihr seid eben anspruchsvoll. Ihr wollt Platz, Charme und Ruhe – und könnt dafür nur einen bestimmten Preis bezahlen. Ihr müsst eben Geduld haben. Ich höre mich auf alle Fälle noch einmal bei Freunden um, vielleicht haben die was gehört», tröstete sie mich.

Zwei Stunden später klingelte das Telefon. Clotilde.

«Du wirst es nicht glauben! Ich habe gerade mit meiner Schwiegermutter gesprochen, deren beste Freundin in einem anderen Maklerbüro von St. Germain am Schlossplatz arbeitet. Sie scheinen da etwas Tolles reinbekommen zu haben. Lasst euch mal beraten, aber sagt auf keinen Fall, dass das ein interner Tipp war! Viel Glück!»

Am nächsten Tag waren wir in der Agentur. Zum Glück. Denn die Wohnung, die wir ansahen, wurde unser Schicksal.

Im Innern des Maklerbüros gegenüber dem Schloss von Saint-Germain-en-Laye herrschte eine polierte Landhaus-Atmosphäre. Ausnehmend schöne Empfangsdamen, die aussahen, als erwarteten sie ihre wohnungssuchende Klientel eigentlich zum Tee.

«Eine Vier-Zimmer-Wohnung?», fragte die Dame eines gewissen Alters kühl, in deren Büro wir geführt wurden. «Wir wollen einmal nachsehen.» Sie blätterte in ihrer Mappe, in der die Objekte mit ansprechenden Computerausdrucken vorgestellt wurden.

«Der Markt für Vier-Zimmer-Wohnungen sieht im Moment traurig aus. Alle Leute suchen diese Größe, und es gibt fast keine Angebote», sagte sie lapidar und schüttelte ihr dickes Goldarmband. Sie sah die Jeans meines Mannes unauffällig an. Hätte er heute seine rubinbesetzten Manschettenknöpfe anlegen sollen, um für würdig befunden zu werden, eine Wohnung zu besichtigen?

«Eigentlich habe ich nur ein Objekt. In einem alten Haus, gerade renoviert, vier Zimmer, zwei Bäder, Keller, Garage. Drei Minuten zur RER. Am Park.» Sie nahm die Wohnungspräsentation raus und schlug die Mappe mit einem Knall zu.

Genau das, was wir suchten. Aber der Preis war gerade an unserer Schmerzgrenze. Haarscharf. Drüber.

Eine Stunde später wollten wir nie wieder fort. Das war es. Schon die Straße, in der das Haus lag, faszinierte uns. Herrschaftliche Häuser aus dem 18. und 19. Jahrhundert direkt am Schlosspark, pastellfarbene Fassaden. Blühende Kastanien. Die Maklerin blieb mit uns vor einem hellgelben Haus stehen. Hohe Fenster, anmutige Frauenköpfe an der Fassade, große blaue Holzläden. Ein kleiner gelber Palast mit einem anschließenden Park, der von einer brüchigen Mauer umgeben war. Madame holte einen riesigen Schlüssel aus der Tasche, schloss die schwere Eingangstür auf und führte uns die alte Holztreppe hinauf in den ersten Stock. Ich bewunderte den Eingang mit seinem schwarz-weißen Schachbrettmuster aus Steinfliesen. Große Marmorkugeln schmückten den Abschluss des Treppengeländers. Hier war er, der *charme fou*!

«Das ist der ehemalige Domestikenflügel des Palastes eines Herzogs, der ein enger Freund des Sonnenkönigs war», erklärte die Maklerin leidenschaftslos und hob besorgt ihren Crêpe-Rock hoch, als sie über den Renovierungsschutt stieg.

Sie schloss die Tür zum Appartement auf – und ich war sofort verloren.

Denn durch ein rundes Fenster im Eingang grüßten uns zwei pausbäckige nackte Knaben. Zwei Steinputten, die auf dem Dachgiebel gegenüber saßen. «Ich darf bloß nichts von *charme fou* sagen, sonst geht Madame noch mit dem Preis rauf», dachte ich.

Das erste Zimmer hatte zwei Alkoven, runde Fenster, einen Kamin mit einem Goldspiegel darüber. Alte Holzdielen. In die Wände eingelassene Schränke.

Glas-Flügeltüren führten in den großen Salon, dessen Boden mit alten Fliesen aus dem 18. Jahrhundert bedeckt war. *Un charme fou!*

Von der Küche blickte man in den mediterranen Innenhof, in dem lauter Kübel mit Buchsbäumen und Oleander standen, und ganz oben am Dach entdeckte ich noch zwei weitere Putti.

Das Schlafzimmer hatte eine Mini-Dusche und einen begehbaren Kleiderschrank. Zum Schluss gab es noch das Gästezimmer mit altem Parkett und Kamin und mit Blick in einen wilden Nachbargarten.

Ich hatte nie eine schönere Wohnung gesehen. Ich wollte sie. Ich betete zu Gott, dass wir sie würden bezahlen können. Nie hätte ich gedacht, dass man sich wild, leidenschaftlich, unwiderruflich in ein Haus verlieben kann. Ein Haus! In Männer, Frauen, Hunde, Kommoden – ja! Aber ein Haus!? Ich konnte plötzlich verstehen, dass sich Menschen für Jahrzehnte verschulden, nur um eine alte Mühle in einer gottverlassenen Gegend wieder herzurichten, weil sie glauben, sie hätten dort schon einmal gelebt oder weil das Muster des Fußbodens schon jahrelang in ihren nächtlichen Träumen vorgekommen ist.

Dieses gelbe Haus sah aus wie für eine Lieblingsmätresse auf der Höhe ihres Einflusses gebaut. Ich wollte hier leben. Blumen für den Salon kaufen. Unsere weißen Bademäntel aufhängen. Mein Mann machte ein Pokerface, sagte lapidar: «Recht hübsch, aber die Decken sind wirklich sehr niedrig» und fragte dann: «Gehört denn auch ein Keller zum Appartement?»

Ich wusste schon, was jetzt kommen würde. Er wollte unbedingt einen Weinkeller für seine Châteauneufs, Bordeaux, Burgunder und Grünen Veltliner.

Madame nickte. «Wollen Sie ihn sehen?», fragte sie und blickte skeptisch auf die mit Bauschutt, Kabelgewirr und offenen Farbeimern vollgestellte alte Treppe.

«Na, kommen Sie», sagte sie schließlich wohl angesichts des stattlichen Vermittlungshonorars, das auch die Reinigungskosten ihres Kostüms decken durfte, raffte mutig ihren schwarzen Rock und schritt voran.

Ein dunkler Gang, Tonnengewölbe, rechts und links gingen düstere Räume ab. Gruselig. Es roch modrig. «Hier sind wir», sagte die Maklerin. Links, hinter einer jahrhundertealten Holztür, an der nicht nur der Zahn der Zeit genagt hatte, schaltete Madame das Licht ein. Wir sahen einen mit festgestampfter Erde bedeckten Keller, ein drei Meter hohes Monte-Christo-Gewölbe, an dessen drei Seiten riesige alte Flaschenregale aus Schmiedeeisen standen, über und über mit Spinnweben bedeckt. Ein Weinkeller! Keiner dieser lauwarmen Räume, in denen Orangenbäume überwintern könnten. Ein richtiger Weinkeller, in dem der Bauherr im 18. Jahrhunderts seine unzähligen Flaschen aufbewahrt haben musste. Es gab sogar noch zu den Regalen passende Tragekörbe für die Flaschen, so, als hätte der Kellermeister sie hier gerade stehen gelassen.

«Das war der Weinkeller des Herzogs», erklärte die Maklerin, als mache sie uns auf einen Waschmaschinenanschluss aufmerksam. Wenn noch etwas gefehlt hatte, um den Mann meines Lebens zu überzeugen, dann das. Gegen Alkoven, gegen einen herzoglichen Weinkeller, runde Fenster, Putten auf dem Dach und *charme fou* hatten vernünftige Argumente keine Chance. Wir unterschrieben. Zahlten drei Monatsmieten Provision und bestellten die Möbelleute. – Und waren jetzt schon pleite.

Am Anfang war das Bett. Pariser Nächte voller Seide

Wann ist man in einer neuen Stadt zu Hause? Wenn man den Schlüssel für die Traumwohnung in den Händen hält? Nein – wenn man sich dort in das eigene Bett legt. Ein neues Bett steht für einen vielversprechenden Anfang, für Rausch und Ruhe, für Glück und Spaß. Tagsüber bietet sich Paris dem kultivierten Flaneur als riesiger Spielplatz für die Fantasie dar. Die Nächte verlangen nach einem Lager, das dem Zauber der Stadt ebenso würdig ist. So wollten auch wir nicht einfach ein schnödes Versandhausbett bestellen, sondern ein Himmelbett bauen, um uns vom anstrengenden Leben in der Großstadt zu erholen, um Zeitung zu lesen und mit Croissants herumzukrümeln.

Mein Traumlager hatte ich in einer Einrichtungs-Zeitschrift entdeckt. Ein Baldachinbett mit üppig gerafften Seidenbahnen, die den Bettkopf einrahmten wie eine Frisur. Um den Seidenstoff machte ich mir keine Sorgen, denn Paris quillt über vor guten Stoffläden. Da gibt es günstige indische Importeure am Montmartre, feine Stoffdesigner am Place de Furstenberg oder die Kaufhauskette «Les Toiles de

Marché St. Pierre – Dreyfus
Günstige Stoffe für Haus und Kleider bei Montmartre
2, rue Charles Nodier
www.marchesaintpierre.com
Ⓜ Abesses oder Anvers

Mayenne» je nach Budget. Und die alte Matratze würde es auch noch tun. Aber wo nur würde ich ein Gestell finden, um den Stoff aufzuhängen? Im Artikel hieß es lapidar: «Dübeln Sie einen Halbkreis aus Messing unter die Zimmerdecke am Kopfende des Bettes und befestigen Sie daran den Stoff. Messingbogen finden Sie im Fachhandel.» Das konnte ja in einer Millionenstadt kein Problem sein. Dachte ich.

Braquenié & Pierre Frey
Märchenhafte französische Stoffe
3, rue de Furstenberg
27, rue du Mail
www.pierrefrey.com
Ⓜ *St.Germain-des-Prés*

Ich begann dort, wo alle Pariser scheinbar unfindbare Sachen suchen, in den großen Kaufhäusern. Erste Station: «Galeries Lafayette». Und dort der Stand einer Kette von Stoffläden, die Sonderanfertigungen macht.

«Sehr hübsch» sagte die Verkäuferin anerkennend, der ich das Foto mit dem Baldachinbett unter die Nase hielt. «Aber wo bekommen Sie das Gestell her, um den Stoff aufzuhängen?»

«Genau deswegen bin ich bei Ihnen», antwortete ich.

Die Verkäuferin neigte nachdenklich den Kopf. Sie verschwand ohne Kommentar und kam mit einem dicken Katalog wieder. Dort sahen wir riesige Himmelbetten mit vier Pfosten, geschnitzte runde Baldachine, mit Krönchen garnierte Bettköpfe. Endlich, auf der letzten Seite, fanden wir einen halbrunden Holzbogen mit einer eingebauten Gardinenschiene. «Das ist genau das, was Sie brauchen», strahlte die Verkäuferin.

So ein scheußliches Ding. Dunkelbraun, mit geschnitzten Blättern verziert. Massiv. Ich hätte es nie im Leben für möglich gehalten, dass es für so etwas Abartiges immer noch eine Klientel gibt.

«Ich habe mir eigentlich einen schlichten Bogen aus Messing oder weißem Holz vorgestellt », wandte ich ein.
Madame zuckte die Achseln.
«Eine andere Lösung gibt es nicht!», sagte sie knapp. «500 Euro, Bestellzeit sieben Wochen.»
Thema erledigt.

Nebenan bei der Konkurrenz bekam ich den gleichen Prospekt vorgelegt. Doch der Dekorateur verstand meine Idee eines Bettes genau, telefonierte herum und schickte mich schließlich in einen Showroom ans andere Ende der Stadt, in den Faubourg Saint-Antoine, das traditionelle Viertel der Möbelhersteller hinter der Bastille.

Seit sich dort unter Ludwig XI. Möbelhersteller angesiedelt hatten, war das Quartier zum Zentrum des französischen Kunsttischler-Handwerks geworden. Im Gegensatz zu anderen Orten besaßen die Tischler, die Ebenisten, hier das Privileg, neue Formen zu realisieren und unterlagen nicht dem Zwang der Zunft, überkommene Muster nachzuahmen. Die berühmten Kunsttischler der Familien Boulle und Jacob stammten aus dem Faubourg Saint-Antoine. Ohne die Handwerkerdynastien dieses Viertels hätte es keinen Louis XIV- oder Louis XVI-Stil gegeben. Heute kann man Meisterwerke aus diesen Ateliers in Paris bei Auktionen von Drouot oder Sotheby's zu astronomischen Preisen ersteigern – die meisten aber stehen in den staatlichen Schlössern. Wer nicht die Mittel hat,

Faubourg St. Antoine

Traditionelles Möbelviertel
Führungen über
www.paris-capitale-historique.com
www.unjourdeplusaparis.com
Ⓜ *Bastille*

Drouot

Auktionshaus für Kunst, Möbel, Deko, Schmuck
9, rue Drouot
Aktuelle Auktionen über
www.drouot.com
Ⓜ *Richelieu-Drouot*

solche Starmöbel zu kaufen, kann sich zu einer Führung durch das Quartier anmelden und in Innenhöfen auch heute noch Schreiner, Vergolder und Tapissiers in ihren verglasten Ateliers arbeiten sehen. Ich aber wollte weder André-Charles Boulle nachspüren noch eine Führung machen, sondern endlich meinen Baldachinbogen kaufen. Doch als ich meinen Laden gefunden hatte, war ich bitter enttäuscht. Zwar gab es hier prächtige Bett-Himmel – aber alle so gewaltig, dass man mindestens ein 80-Quadratmeter-Schlafzimmer brauchte. Aus der Traum vom Baldachin? Nein. Der Nachmittag schenkte mir Ahmed, den Himmelbett-Liebhaber.

Mir war eingefallen, dass es im «Bazar de l'Hôtel de Ville», abgekürzt «BHV», gegenüber dem Rathaus die beste Handwerkerbedarf-Abteilung Frankreichs gibt. Ein Paradies für jeden, der sich an abgehängten Decken und Bohrmaschinen-Aufsätzen berauschen kann. Ein Gewirr aus Ständen mit Dingen, deren Namen auf Französisch noch exotischer klingen als auf Deutsch.

Le BHV Marais
*Kaufhaus mit toller Heimwerker- und Lampenabteilung
52, rue de Rivoli
www.bhv.fr
Ⓜ Hôtel de Ville*

Ich fragte in verschiedenen Abteilungen nach meinem Baldachinhalter. Niemand hatte je überhaupt etwas von diesem Produkt gehört. «Sie wollen was, Madame?» Eine Gardinenstange? So etwas wie eine runde Duschstange? Ein Pfostenbett? Nein! Ich zeigte allen möglichen Verkäufern das nun schon zerknitterte Bild meines Baldachins. Der letzte, den mein erschöpftes Gesicht wohl erbarmte, schickte mich in den dritten Stock zu den Gardinenspezialisten: «Man weiß ja nie – *on ne sait jamais!*». Ja, man weiß ja nie.

In der Abteilung mit den Gardinenstangen wartete eine endlose Schlange ungeduldiger Kunden. «Eigentlich könnte ich ja auch ganz normal auf meiner Matratze schlafen wie alle anderen Menschen auch», dachte ich, während die Frau vor mir Befestigungsschrauben für ein 30 Jahre altes Gardinenstangenmodell suchte. Nach einer halben Stunde Anstehen richtete endlich ein Verkäufer das Wort an mich.

«Was wollen Sie?»

Ich hielt mein Bild mit dem Baldachin hin und erläuterte meinen Wunsch.

«So was haben wir nicht. Nur eine runde Plastikstange für Duschvorhänge. Und die ist viel zu groß dafür.» Er wandte sich von mir ab und suchte mit den Augen schon den nächsten Kunden in der Schlange hinter mir.

Wenn es im berühmten «BHV» keinen Baldachin für mein neues Leben gab, wo zum Teufel dann? Ich lehnte mich an die Theke und seufzte laut. Aus der Traum vom Prinzessinnenbett in Paris. Just in dem Moment kam ein kleiner, schwarzhaariger Mann mit Nickelbrille an die Theke und fragte: «Kann ich Ihnen helfen, Madame?»

«Ah, Monsieur, wenn Sie wüssten!», sagte ich und blickte ihm erschöpft in die Augen. Dann runter auf das Schild, das er auf seiner Arbeitsjacke trug. «Ahmed» stand darauf. Ahmed hatte wohl schon mehr verzagte Frauen an seiner Theke seufzen hören. Er nickte verständnisvoll.

«Ich möchte einen Stoff-Baldachin über meinem Bett anbringen. Ich bin durch die ganze Stadt gelaufen, und niemand kann mir helfen.» Ahmed nickte wieder verständnisvoll.

«Und ich suche ein Gestell, das ich an der Wand festdübeln kann und an dem ich den Stoff aufhänge.» Ahmed lächelte.

«Überhaupt kein Problem, Madame. Wir fertigen Ihnen das nach Maß. Welche Farbe wollen Sie?», wollte er wissen. – Hatte er wirklich gesagt: «Kein Problem, wir machen das!?» Ich wollte Ahmed küssen. Küssen.

«Sie haben nicht zufällig eine Skizze mit dem richtigen Radius dabei, oder?», fragte Ahmed. Radius? Keine Ahnung.

«Na, dann nehmen wir mal ein Papier, Sie sagen mir die Maße Ihres Bettes, und ich mache Ihnen eine Skizze», sagte er aufmunternd.

«Sie sind der Erste, der mein Projekt versteht, Ahmed. Ich bin durch die ganze Stadt gelaufen, und niemand konnte mir helfen!»

«Wissen Sie Madame: Ich schlafe seit drei Jahren unter einem Baldachin. Denn ich habe verschiedene Modelle für ein kleines Hotel in der Nähe des Picasso-Museums entworfen, die Himmelbetten brauchten. Ich bin so etwas wie der Himmelbett-Spezialist der Stadt, wenn Sie verstehen, was ich meine», sagte er und warf mir einen vielsagenden Blick zu.

Ich meinte lieber gar nichts.

«Also, wie breit ist Ihr Bett?», fragte er.

«1,40 Meter».

«Das ist viel Platz für eine Frau allein», sagte er.

Das fand mein Mann auch, und er hat mich genau deswegen geheiratet. Aber das konnte ich Ahmed nicht sagen. Zumindest nicht, solange der Bogen nicht fertig war.

Ahmed malte mit Hingabe ein Bett auf sein Millimeterpapier, darüber maßstabsgerecht den Himmel mit dem Bogen aus Metall. Genau wie ich es mir erträumt hatte.

«Perfekt, Ahmed», lobte ich seinen Entwurf.

«Finde ich auch», sagte er hochzufrieden. «Ich rufe Sie an, Madame, wenn Ihre Stange fertig ist. – Sie können sie dann abholen. Heute machen Sie eine Anzahlung. Die Skizze ist ein Geschenk für Sie. Bis bald dann», zwinkerte er mir verschwörerisch zu und gab mir die Rechnung. 150 Euro. Aber wer hat schon einen Baldachinbogen, der in Paris extra angefertigt wird?

Nun fehlte nur noch der passende Stoff. Zehn Meter. Ein Fall für den Marché Saint-Pierre, den großen Stoffmarkt am Montmarte. Da gibt es den Riesenladen der Familie Dreyfus und in den Nebenstraßen viele winzige Boutiquen, die Stoffreste, Garn, Futterstoffe und Knöpfe verkaufen. Ein Paradies für Mode- und Dekobegeisterte. Als ich ankam, nieselte es. Touristenhorden drängten sich durch die engen Straßen. Das große Stoffkaufhaus war voll, da niemand Lust hatte, bei dem Wetter draußen zu sein. Es roch nach nassem Hund. Junge Frauen aus dem Senegal wühlten sich einträchtig neben sparsamen Studentinnen, Designern und Omis durch Berge von Stoffbahnen. Ich floh entnervt aus diesem Ameisenhaufen gieriger Frauen und suchte in den kleinen Läden nebenan weiter, immer auf der Suche nach dem perfekten Stoff. Plötzlich sah ich ihn. In einer Boutique leuchtete eine orange-gelb schimmernde Rohseide verführerisch hervor. 15 Euro der Meter, ein guter Preis. Ich ordere.

Zahlte. Bekam zwei riesige Tüten in die Hand gedrückt und schleppte sie glücklich summend zur Metro. Das Leben unter dem Baldachin nahm Formen an.

Am Abend erwartete ich meinen Mann dann als Überraschung in einem Meer aus orangefarbener Seide. Ich hatte die zehn Meter Stoff auf unseren 15 Quadratmetern ausgebreitet und saß in dieser leuchtenden Pracht wie in einem luxuriös gepolsterten, riesigen Nest. Es passte gut zum Christo-Bild, der eingepackten Pont-Neuf.

«Was hast du denn gemacht?», fragte mein Mann, als er heimkam. «Dekorierst du die Wohnung um?»

«Nein, das ist der Stoff für unser neues Himmelbett, ich wollte nur mal sehen, wie der Lichteffekt ist, wenn die Stoffbahnen ausgebreitet sind».

Er sah mich sichtbar irritiert an und verschwand längere Zeit im Bad. Später, nachdem wir zum Diner in einem kleinen okzitanischen Restaurant in unserer Straße gewesen waren, wieder nach Hause kamen und die Tür aufschlossen, leuchtete uns die Seide immer noch wie eine Verheißung des Paradieses entgegen. Wir legten uns im Licht der Straßenlaternen schlafen, den leuchtenden Stoff um uns drapiert, ein flüssiger Sonnenuntergang.

Die Idee des seidenen Himmelbettes war, das wurde mir erst viel später klar, für mich ein wichtiges Initiationsritual. Für andere Menschen ist es vielleicht wichtiger, im Café an der Ecke mit Namen angesprochen zu werden oder beim Bäcker unaufgefordert fünf Buttercroissants eingepackt zu bekommen. Doch mir gab die lange, schließlich erfolgreiche Suche nach diesem ganz bestimmten Bett das Gefühl, dazuzugehören, die Stadt im Griff zu haben, meine Träume realisieren zu können. Und Menschen zu treffen, die diese Träume verstehen. Außerdem erwies sich die Bettgeschichte in der Folge als guter Anekdotenstoff für Diners bei Bekannten. Denn nichts ist Pariserischer als ganz genau zu wissen, wo es die besten Himmelbetten, Turnschuhe, Gänseleberpasteten, Ersatzräder oder Ölgemälde von Hunden gibt. Wenn man einen Franzosen noch nicht so gut kennt, sollte man Gespräche über Politik, Religion, auch über den Beruf, erst einmal vermeiden, denn auf diesen Gebieten gilt Diskretion als Grundhöflichkeit. Dennoch muss man oft bei Einladungen gleich Stellung zu vielen Themen beziehen, um seine Schlagfertigkeit und Neugier auf die Welt zu beweisen und die anderen Gäste zu unterhalten. «Standing in the witness box» hat die viele Jahre in Paris lebende englische Schriftstellerin Nancy Mitford dieses Gesellschaftsspiel genannt, bei dem man schnelle Fragen und Antworten aufeinander abfeuert. Als Ausländer in der Pariser «witness box» kann man ohne Gefahr stundenlang über seine Erfahrungen in der Stadt reden: über die Tarife der Parkgaragen, die renovierte Boutique für Tierpräparate, den Ausverkauf im Bastelgeschäft, verbilligte Eintrittskarten im Theater ... und eben Seidenbetten. Mit etwas Glück hat man am Ende des Abends die besten Insider-Adressen von Paris bekommen, nach dem Motto: Tausche Himmelbett-Ahmed gegen die letzte Maßschneiderin für Unterhosen. Die gibt es wirklich.

Librairie Galignani
*Prachtvolle englisch-französische Buchhandlung seit 1801
224, rue de Rivoli
www.galignani.com
Ⓜ Concorde oder Tuileries*

Vie de château. WG in Mozarts Schlösschen

Die sprichwörtliche Kühle der Pariser, die Ausländern gegenüber angeblich verschlossen sind und sich einen Dreck um ihre Nachbarn scheren – wir haben sie nicht ein einziges Mal erlebt. Vielleicht liegt es auch daran, dass die Bewohner der Vororte eher in einer modernen Dorfatmosphäre leben als die Pariser, die innerhalb der Stadtmauern wohnen und so *speed* sind, dass sie oft ihre Nachbarn nicht einmal kennen. Wir hatten das Glück, kurze Zeit nach unserem Einzug in Saint-Germain-en-Laye zum weitverzweigten Clan zu gehören, der die verschiedenen Flügel des gelben Hôtel Particulier unweit des Schlossparks bewohnte. Es stellte sich als eine Art Wohngemeinschaft für Erwachsene heraus, in der jeder für sich war, aber alle doch gemeinsam lebten.

Unsere Hausherrin war die erste der ungewöhnlichen Bewohner, die wir in unserem neuen Zuhause kennenlernten. Als wir am Tag nach der Vertragsunterzeichnung in die Wohnung gingen, um die Wände auszumessen, kam sie uns plötzlich im Treppenhaus entgegen. Eine sehr französische Schönheit, mit kurzen schwarzen Haaren und einem intensiven Blick aus blauen Augen, die man früher eine Erscheinung genannt hätte. In Jeans, alter blauer Bluse und ausgelatschten Ballerinas sah sie lässig und elegant zugleich aus. Drei Kinder im Grundschul- und Kindergartenalter sprangen um sie herum, und auf dem Arm trug sie das vierte, einen winzigen Säugling.

«Willkommen in unserem *maison de famille,* unserem Familienhaus», sagte sie, gab uns die Hand und lächelte. «Ich bin Sabine.»

Auch wir stellten uns vor und sagten, wie begeistert wir von den runden Fenstern, den alten Fliesen und dem Weinkeller seien.

«Ja, wenn alles fertig ist, wird es bestimmt sehr schön, und bei Ihnen ist es schon ganz gut, aber wir renovieren noch», sagte sie entschuldigend und deutete auf den Bauschutt, der im Treppenhaus herumlag. «Aber kommen Sie doch einen Moment auf einen Kaffee in unsere Wohnung, damit wir ein bisschen reden können!» Ihre Wohnung war der Hausteil des ehemaligen herzoglichen Schlossverwalters, den die Eltern ihnen vererbt hatten. In der hallenartigen alten Küche mit zwei riesigen grünen Herden in der ehemaligen Feuerstelle kochte Sabine uns einen Nescafé.

«An dem Haus ist seit zwei Generationen nichts gemacht worden. Und da wir uns wie noch die Großeltern in Waschschüsseln wuschen, beschloss der Familienrat, das Haus komplett zu renovieren», erklärte sie uns. «Wir campieren hier so gut es geht, haben das Dach neu gedeckt, Elektroleitungen und Heizungen ausgewechselt, Böden und Fenster erneuert, neue Bäder einbauen lassen. Jetzt müssen wir nur noch die Zimmer im Obergeschoss machen, dann sind wir fertig», erzählte Sabine. «Na ja, und wir haben den Dienstbotentrakt mit einer Mietwohnung ausgestattet, damit die Finanzierung der Bauarbeiten leichter wird. So etwas tut man ja für die nächsten zwei Generationen.»

«Das muss ja eine unendliche Arbeit sein», sagte ich in Anbetracht der vielen Zimmer, die ihr noch bevorstanden.

«Ach, zur Zeit ist es noch ganz ruhig. Wir renovieren ja schon seit acht Jahren. Für das Baby habe ich eine Aupair, die unter dem Dach wohnt. Aber in einem Monat wird es hart, da fange ich wieder in der Klinik an. Ich bin Ärztin», sagte Sabine. Diese junge Mutter, die vier kleine Kinder und ein Riesenhaus als Baustelle hatte, war auch noch Ärztin im Nebenberuf. So eine Frau hatte ich noch nie getroffen.

Sabine führte uns durch die Salons im Erdgeschoss. Überall sahen wir Plastikplanen am Boden und Stehleitern vor den Wänden, bis wir in das sogenannte Landschaftszimmer mit einem prachtvollen, aber heruntergekommenen Deckengemälde voller Wolken und Blumen kamen. Ihre Kinder fingen routiniert an, die fünf übereinander geklebten Tapetenschichten aus Stoff sorgfältig abzuziehen. «Was wir mit den Wänden machen, wissen wir auch noch nicht. Mein Großvater hat mehrmals geheiratet, und jede neue Frau ließ die Tapete ihrer Vorgängerin überkleben», erklärte Sabine. «Und das Deckengemälde ist auch so ein Problem. Kennen Sie zufällig einen bezahlbaren Restaurator, der sich mit diesen Malereien aus dem 19. Jahrhundert auskennt?» Kannten wir auch nicht, leider.

Am Wochenende nach dieser ersten Unterhaltung lud uns Sabine zum Abendessen ein. So lernten wir auch ihren Mann Jean kennen, einen hochgewachsenen jungenhaften Typen, der im Management eines französischen Großkonzerns arbeitete. Jean war entzückt, deutsche Mieter zu haben, da er zwei Jahre in einem Jesuiteninternat in Österreich verbracht hatte. «Reden Sie nur viel Deutsch, damit die Kinder den Klang einer anderen Sprache hören», sagte er.

Noch eine weitere junge Familie war eingeladen. Nachbarn, die in den ehemaligen Ställen des Hôtel Particulier auf der anderen Seite des Innenhofes wohnte, Antoinette und Frederic. Wir fanden sie gleich extrem sympathisch. Das lag nicht nur daran, dass sie vier Jahre in Wien gelebt hatten und für Opern und Skifahren in den Alpen schwärmten. Antoinette, stellte sich heraus, war Restauratorin für Tapisserien, hatte ebenfalls vier kleine Kinder und schien eine fast professionelle Sportlerin zu sein. Sie erzählte mir beim Dessert, dass sie im vergangenen Jahr den London Triathlon mitgemacht und die Themse durchschwommen hatte, um sich nach der Geburt ihres vierten Kindes wieder in Form zu bringen. Ich war tief beeindruckt und hoffte inständig, von ihr niemals zum Tennisspielen aufgefordert zu werden. «Ihr müsst unbedingt bald zum Abendessen zu uns kommen, damit wir euch unseren Freunden vorstellen», sagten unsere neuen Nachbarn zum Abschied. «Und, samstags spielen wir immer Tennis!»

Wenig später lernten wir weitere Bewohner dieser romantischen Lebensinsel hinter dicken Mauern kennen, ein altes Pensionärspaar, das im Hauptteil des verschachtelten Hôtels wohnte, das im Garten von unserem Flügel durch eine hohe Mauer abgetrennt war. Es geschah bei einer Hausmusik im historischen Salon der Herzogin, die dieses Haus zu Zeiten Mozarts mit ihren Gesellschaften berühmt gemacht hatte. Diese Begegnung fing recht ungewöhnlich an. Als ich einen kleinen alten Mann mit 70er-Jahre-Hornbrille, Tweedhosen und abgeschabter Regenmütze zum ersten Mal in unserer Straße sah, hatte ich das Gefühl, in die Jackentasche fassen zu müssen, um ein Geldstück für ihn herauszuholen. Denn er sah aus, als könnte er eine kleine Unterstützung für das Abendessen brauchen. Doch kaum hatte ich das Kleingeld in der Hand, war er schon vorbeigegangen. Am nächsten Tag sah ich ihn wieder. Er stand im tadellosen Anzug mit Seidenkrawatte im Treppenhaus des Herzoginnenflügels unseres Palais'. Er war der Hausherr und bei ihm waren wir zum Konzert eingeladen. Ich konnte mich in der marmornen Halle kaum von diesem Schlag erholen, als er mich schon mit einem Handkuss begrüßte und charmant sagte: «Wie freue ich mich, unsere neue Nachbarin kennenzulernen – Sie werden unser viel zu altes Publikum mit Ihrer Jugend auffrischen!»

Und schon standen wir in der Schlange der Gäste, die seiner Frau «Bonjour, Madame» sagten. Eine kleine weißhaarige Dame mit leuchtenden Veilchenaugen und einem Lächeln, das kaum jemals zu versiegen schien. «Man weiß eben nie», konnte mein Mann mir noch leise ins Ohr flüstern, bevor wir uns artig als ihre neuen Nachbarn vorstellten. Wir zwei waren tatsächlich mit sehr großem Abstand die jüngsten Gäste in den gedrängt vollen Salons von Monsieur und Madame Dinard, deren Pracht wir vor lauter Menschen kaum bewundern konnten. Diese Einladung hatten wir Sabine zu verdanken, die es sich zu ihrer Aufgabe gemacht hatte, uns in ganz St. Germain rumzureichen, fest entschlossen, uns Ausländern das Beste, was Frankreich besitzt, zu zeigen. Dazu gehörte eben auch ein Hauskonzert bei den Dinards, unseren Nachbarn. Wir wussten nicht, dass Sabine uns mit dieser Einladung Zutritt zu einem der begehrtesten Häuser der Pariser Umgebung verschafft hatte, da es als Ritterschlag galt, zu einem Musiknachmittag in den Salon der Herzogin eingeladen zu werden. Und dass wir zufällig eine ehemalige Dienstbotenwohnung im Domestikenflügel eines herzoglichen Palais' gemietet hatten, begriffen wir auch jetzt erst richtig.

Wir setzten uns artig in die letzte Reihe, und das Konzert begann. Pling, pling, pling, erklang die Harfe, der Pianist am alten Pleyel-Flügel setzte ein, und ich ließ meine Blicke staunend durch den Raum gleiten, durch den hohen weißen Salon mit vergoldeten Holztäfelungen, die aus dem Atelier eines Handwerkers des Sonnenkönigs stammten, wie wir später erfuhren. Medaillons mit Musikinstrumenten schimmerten an allen Seiten, Luster aus Kristall beschienen die alten Bilder. Sie sahen aus wie Chardins und Renoirs. Über dem Flügel hing ein riesiger Spiegel, in dessen Mitte ein goldgerahmtes Bild vom jungen Mozart befestigt war, auf dem er nachlässig einen Taktstock in der Hand hielt. Draußen hinter den schweren Seidenportieren wurde es langsam dunkel. Die Musiker spielten Mendelssohn, Telemann, Debussy.

Nach der Musik versorgte der Hausherr uns mit Champagner, und wir plauderten mit seiner Frau.

«Ist es nicht wunderbar, für eine kurze Zeit in einem anderen Universum zu schweben als in dem, in dem wir uns gewöhnlich aufhalten? Hier hat Mozart während seiner dritten Paris-Reise im Jahr 1783 gespielt und zwei Wochen in diesem Haus gewohnt», sagte die Hausherrin, als wir uns bei ihr für das schöne Konzert bedankten. «Die Musiker, die zu uns kommen, haben keine wirkliche Bühne. Sie befinden sich auf derselben Höhe wie die Gäste, ganz nah, deswegen haben sie meistens größeres Lampenfieber als gewöhnlich», erklärte Madame Dinard. Dann fragte sie: «Machen Sie auch Musik?» Als ich sagte, ich sei Flötistin, aber nur eine ganz ordentliche Hobbymusikerin, war ich engagiert. «Dann kommen Sie doch am nächsten Mittwoch zu mir und bringen Noten mit. Ich begleite Sie am Flügel», sagte sie. Und so begannen unsere musikalischen Mittwoche zu zweit, scherzhaft «Les Mercredis Musicaux» genannt, und ich gewöhnte mir schnell die Ehrfurcht ab, in einem Musiksalon Mozarts meine Sonaten auf der Flöte zu blasen. Madame Dinard saß an ihrem alten Pleyel-Flügel, schimpfte wie ein Rohrspatz, wenn sie sich verspielte, schnitt nach der guten Stunde des gemeinsamen Übens radikal Blumen aus ihren Beeten für mich ab und bot mir bald das Du an. «Ich heiße Hélène», sagte sie, nachdem wir endlich eine besonders schwierige Sonate zu Ende gebracht hatten, ohne eine einzige falsche Note zu spielen. Bald wurde es uns zur lieben Gewohnheit, zusammen noch eine Tasse Tee zu trinken. «Indisch oder chinesisch?», fragte Hélène jedes Mal, verschwand lange in der Küche und brachte schließlich ein kleines Tablett mit dünnen, alten Porzellantassen und rosafarbene Baisers mit. Ich hatte immer etwas Angst um das Geschirr, denn wie sich später herausstellte litt Hélène an einer Nervenkrankheit und ihre Hände zitterten immer mehr. Nur beim Klavierspielen konnte sie ihre kranken Gliedmaßen für kurze Zeit vergessen. Wir redeten über Musik, natürlich. Über Salzburg und Bremen, wo sie als junges Mädchen gewesen war. Über ihre Reisen nach Indien. Über ihre Nachhilfekinder, Flüchtlinge, denen sie jede Woche Schreiben beibrachte. Über ihre skandalöse Hochzeit mit Monsieur Dinard vor 40 Jahren, über die sie heute noch lachte. «Mein Mann war evangelisch, was in diesem katholischen Land für unsere Familie und die Kirche ein riesiges Hindernis für eine Ehe war. Schließlich fanden wir einen Pfarrer, der bereit war, uns nachts um elf in einer kleinen Kapelle zu trauen. Er machte ein kaballistisches Zeichen über unseren verschlungenen Händen – und wir waren verheiratet!»

Natürlich redeten wir viel über Mozart. Wir stellten uns vor, wie er vor der Hofgesellschaft seine virtuosen Kompositionen spielte, den Schlosspark genoss und wie enttäuscht er wohl war, keine Anstellung als Hofkapellmeister zu bekommen und nach zwei Wochen unverrichteter Dinge wieder abreisen musste. Wir mutmaßten, ob er gar in meinem Zimmer im Domestikenflügel geschlafen hatte. Ob er abends vor meinem roten Marmorkamin eine Sonate geschrieben hatte, um dem Herzog zu gefallen? Ob es an seinem schwierigen Charakter lag, dass auch in Paris seine Arbeitssuche im Jahr 1783 scheiterte, nachdem die europäischen Fürstenhöfe ihn schon hatten abblitzen lassen?

Meine Gastgeberin erzählte mir dann nach und nach die Geschichte, wie sie an dieses ungewöhnliche Haus gekommen war. «Wir haben uns diesen Ort bewusst als Kokon für unsere alten Tage gekauft, als wir Mitte 60 waren», erzählte sie. «Unser Haus in Versailles war nach dem Auszug der jungen Generation viel zu groß, und das Treppenlaufen fiel mir schwer. Also suchten wir lange nach einem ebenerdigen Appartement, das aber eben keine normale Wohnung sein sollte. Und plötzlich wurde uns dieses Haus angeboten. Ein echtes Abenteuer, denn es war in einem solch heruntergekommenen Zustand, dass keiner bereit war, einen so hohen Preis zu zahlen und sich dann noch auf endlose Restaurationsarbeiten einzulassen», erzählte sie. Für die Renovierung quartierte Monsieur während eines Jahres normannische Handwerker im Haus ein, die noch in der Lage waren, die Wände sorgfältig mit historischen Farben zu bepinseln, die bei jedem Licht eine andere Schattierung haben. Er suchte bei Auktionen Tapisserien zusammen, die früher zur Kollektion des Herzogs gehört hatten und fand die entsprechenden Möbel aus dem 18. Jahrhundert. Madame stellte ihren geliebten Flügel in den Musiksalon der Herzogin, suchte für das runde Kaminzimmer einen wilden Stoff mit Vögeln und Blumen aus, der an die Wände gespannt wurde, arrangierte den Garten mit unzähligen Blumen und füllte alles mit ihrem strahlenden Lächeln. In diesem runden Salon neben dem Musikzimmer saß man wie in einer Voliere vor dem Kamin. «Indisch oder chinesisch», fragte Hélène dann. Und an jedem Mittwoch fühlte ich mich bei ihr wie nicht von dieser Welt.

In den ersten Wochen, die wir im gelben Zauberhaus verbrachten, floss meine ganze Energie in unser neues Zuhause. In seine kleinen Ecken und Erker. Paris, das lärmige Paris der Museen, Metros und Boulevards war vergessen. An den Abenden war mir oft, als schlichen Schatten aus dem großen labyrinthartigen Park hervor, der sich vor zwei Jahrhunderten kilometerweit um unser Haus gezogen hatte, bevor er im Zuge der Residenzurbanisierung mit weiteren Häusern bebaut worden war. Uns zog es jeden Abend magisch in den kleinen Salon mit dem roten Kamin und den runden Fenstern. Hier am Kamin lasen wir und führten lange Gespräche. Warum nur waren wir hier so glücklich wie nie zuvor in unserem Leben? Vielleicht lag es daran, dass man in guten Häusern an Geister glaubt. Daran, dass alle Bewohner einen Teil ihrer Persönlichkeit für immer in den Mauern hinterlassen haben. Nur so konnten wir uns die magische Atmosphäre unseres neuen Zuhauses, seinen *charme fou,* erklären.

Unser Gefühl täuschte uns nicht. Nach und nach erfuhren wir die Geschichte dieses Palais', das durch Zufall unser Zuhause im Schatten des Eiffelturms geworden war. Mansart, der große Architekt Jules Hardouin-Mansart hatte dieses Palais von 1679 bis 1681 für einen großen Marschall Frankreichs und Chef der Königlichen Jagden gebaut, der in unmittelbarer Nähe des königlichen Schlosses wohnen wollte. Nähe zum König, Nähe zur Macht, bedeutete damals wie heute die Betonung der eigenen Wichtigkeit. Ludwig XIV. nutzte das Schloss von Saint-Germain-en-Laye, in dem er geboren worden war, als Jagdresidenz und so blieb die Stadt als Wohnort für die Aristokratie interessant. Als Mitglied des Führungspersonals kam dem Herzog und später seinem Sohn und seinem Enkel ein Platz unmittelbar neben dem Herrscher zu. Entsprechend seiner hohen Stellung beauftragte der Duc nicht einen Häuslebauer mit der Planung des neuen Landhauses, sondern den *Architecte du Roi*, der die ersten Mauern hochziehen ließ. Um das langgestreckte, zweistöckige Gebäude – das für die damaligen Augen, die an hohe Bauten gewöhnt waren, fast so wie heute auf uns ein eleganter Bungalow gewirkt haben muss – wurde nach und nach ein riesiger Park angelegt, mit exotischen Bäumen, Tempelchen und Grotten und entsprechend dem Zeitgeschmack. Da gab es Platz für die Hauskapelle, ein kleines Orchester, Remisen für Kutschen und dutzende Pferde, Räume für Domestiken, Musiker und Köche. Von dieser Pracht ist heute fast nichts mehr übrig. Denn der riesige Park wurde im 19. Jahrhundert aufgeteilt, die Parzellen verkauft. Im Laufe der Zeit wurden auf ihnen stattliche Häuser gebaut. Von der ursprünglichen Anlage ist nur noch unser Stadtpalais geblieben, das heute hinter hohen Mauern seine dezente Pracht versteckt.

Schloss von St. Germain-en-Laye Geburtsort des Sonnenkönigs, Archäologiemuseum, Park Place Charles-de-Gaulle, 78100 St. Germain-en-Laye www.saintgermainenlaye-tourisme.fr RER A, Endstation Saint-Germain-en-Laye

Führungen Hôtel de Noailles und andere Stadtpalais Über www.coteduchesse.blogspot.de und saintgermainenlaye-tourisme.com

Der Grund für die herausragende Stellung von Saint-Germain-en-Laye als königliche Residenz war nicht nur die strategisch dominante Lage oberhalb der Seine, sondern die Nähe zu den dichten, wildreichen Wäldern. Die Jagd war aristokratisches Privileg, Zeitvertreib und gesellschaftliches Ritual. Heute spielt zwar die Jagd keine große Rolle mehr, dafür haben der Wald und der Park an Bedeutung gewonnen. Die Bewohner von Paris wie auch Touristen kommen an den Wochenenden mit der Vorortbahn, der RER A, hierhergefahren, um spazieren zu gehen, zu radeln und sich in einem der Parkcafés auf Liegestühlen vom Großstadtwahnsinn zu erholen. Auch Clotildes Mann, unser Freund Henri, hockt gerne am Samstag ab acht Uhr früh im Unterholz des Waldes von St. Germain und bläst in sein Jagdhorn. Dieser musikalischen Leidenschaft kann er inmitten der Stadt in dem Apartmenthaus, in das seine Frau unbedingt ziehen wollte, nicht nachgehen, ohne Ärger mit den Nachbarn zu bekommen. Auch wir haben Glück. Wir müssen nur unsere Straße runtergehen, und schon stehen wir vor den riesigen Toren, die in den Park von St. Germain führen, ein Werk des Gartenarchitekten Le Nôtre, der wenige Jahre danach sein Meisterwerk, den Garten von Versailles, schuf. Von diesem Virtuosen des domestizierten Grüns stammt der formelle französische Teil unseres Parks mit seinen abgezirkelten Wegen und zentimetergenau gepflanzten Bäumen, den bunt ineinander verschlungenen Blumenteppichen, den anmutigen Statuen und dem geharkten Kies. Ein Triumph des Architekten über die Natur, der statt Ziegeln Linden, statt Mörtel Erde genommen und die geometrischen Muster des königlichen Interieurs nach außen erweitert hat. Gleich hinter dem *jardin à la française* schließt sich die berühmte, zwei Kilometer lange Terrasse oberhalb von Paris an. Sie liegt wie eine riesig lange Theaterloge über der Seine. Von ihr aus sieht man den Eiffelturm stolz aufragen, dann die Ansammlung der Wolkenkratzer von La Défense. Der Park um das Schloss von St. Germain hat schließlich noch einen dritten Teil, den Englischen Garten, einen Landschaftspark mit seltenen Bäumen, dem Mahnmal für die gefallenen Soldaten der Weltkriege und romantischen Bänken, die zum Gedichtlesen einladen. An seinem Eingang liegt unser Freiluftcafé. Immer, wenn wir über unsere hohe Miete jammern, trösten wir uns gegenseitig damit, dass wir als Besucher des Parks weder wochenlang neue Rabatten einsetzen, Bäume zu glatten Fassaden schneiden noch selbst Rasen mähen müssen. Wir haben am Samstag Morgen Zeit, hier in herrlich bequemen Liegestühlen zu faulenzen, ein Tischchen mit Tee und Zitronentarte neben uns, die Füße auf einem Hocker zu deponieren, Zeitung zu lesen, zu träumen und Händchen zu halten. Wenn sich unter der langen Lindenallee die ersten Damen mit Sonnenbrillen auf den Liegestühlen eingerichtet haben, wenige Wölkchen über den blitzblauen Himmel ziehen und ein leiser Wind über die pyramidenförmigen Buchsbäume weht, dann fühlt man sich wirklich wie im Garten eines Königs.

Am schönsten aber ist der Park für mich ganz früh am Morgen. Die Stunden, in denen ich bei Sonnenaufgang über die Terrasse jogge, nur mein Atmen höre und Paris unter mir sehe. Fast zwei Kilometer hin, fast zwei Kilome-

---

Monument Café
*Freiluftcafé im Park
mit Blick auf Paris
Le Nôtre Terrasse
www.monument-cafe.com
RER A, Endstation
Saint-Germain-en-Laye*

ter her, immer mit Blick auf den Eiffelturm. Meist kommt mir eine 40-jährige, blonde Dame mit ihrem Labrador entgegen, der hinter ihr her keucht. Sie strahlt unter ihrem stets gleichen Stirnband und ruft: «Bonjour!» Wenig später hört man es klappern. Zwei stattliche, uniformierte Reiter der Republikanergarde reiten auf riesigen Rappen in gemächlichem Schritt an der schmiedeeisernen Balustrade entlang. Ein Bild wie aus dem Historienschinken. «Bonjour Madame», brüllen sie mir hinterher. «Bonjour!», schmettere ich zurück. Dann begegnen mir die berühmtesten Fußballer des Landes. «Bonjour Madame!», ruft der Trainer des legendären Fußballclubs Paris St. Germain PSG, der seine noch leicht verschlafene Mannschaft hinter sich herlaufen lässt. Was würden tausende von Franzosen im ganzen Land wohl dafür geben, ihre Idole live neben sich joggen zu sehen? Kaum habe ich die Fußballer vergessen, da kommt mir ein eleganter junger Mann entgegen. Er schlendert im dunklen Anzug träumerisch die Terrasse entlang, wendet sich nach links und rechts und blickt versonnen auf die Seine runter – als müsste er eine Entscheidung treffen und wäge Für und Wider ab. Wird er in einer Stunde im Trausaal des Rathauses erwartet? Hat er ein Rendezvous im Gebüsch? Oder hat er Krampfadern und muss sich bewegen, bevor er den Zug in die Stadt nimmt? Wie dem auch sei, auch er sagt freundlich «Bonjour». Auf dem Rückweg sehe ich, wie die alte Klofrau am Englischen Garten ihr Häuschen aufschließt. Im Lindencafé sind die Liegestühle aufgereiht. Ich liebe mein Leben.

Dos und Do Nots. Wie man vom armen Ausländer zum echten Pariser wird

Viele Ausländer, die sich in Paris niederlassen, haben einen brennenden Wunsch: endlich mit der bunten Masse der Bewohner zu verschmelzen und «echte Pariser» zu werden. Auf der Straße von Touristen nach der nächsten Metrostation gefragt zu werden, bedeutet vielen mehr als eine Einladung in den Elysée-Palast. Auf geheimnisvolle Weise scheint dieser Wunsch nach Verschmelzen dem Anfang eines Liebesabenteuers zu ähneln, in dem man mit Wonne die getragenen Schlafanzughemden des geliebten Mannes trägt. Doch wer ist ein echter Pariser? Hier geboren zu sein ist nicht unbedingt ein Kriterium. Viele Leute, die als wahre Pariser gelten, sind Einwanderer oder Menschen aus der Provinz. Charles Aznavour ist Armenier, Karl Lagerfeld und Diane Kruger sind Deutsche, und alle sind sie doch unbestritten Pariser. Pariser zu sein ist weniger ein Herkunftsmerkmal, als eine Geisteshaltung, ein *état d'esprit*. Insofern steht die Stadtbürgerschaft jedem offen, der sich darum bemüht, sie ist auf wahrhaft demokratischem Weg zu erwerben. Zuerst sollte man akzeptieren, dass die meisten Pariser ihre Stadt für den Nabel der Welt halten und leicht hochnäsig auf Provinzler aus aller Welt herabsehen. Wobei eigentlich nur Rom, London und New York als gleichrangig gelten. Ihre Einwohner eint der tägliche Überlebenskampf in Wohnungen, für deren Miete oft ein doppeltes Einkommen notwendig ist, die überfüllten Busse, die schnell wechselnden In-Adressen und das Bewusstsein, jeden Sonntag in die schönsten Museen der Welt gehen zu können. Jede andere Lebensform gilt dem Pariser dagegen als entspannt bis unbekümmert: Da mag man einen großen Hof in Norddeutschland oder Spanien bewirtschaften, vier Kinder aufziehen und noch dazu als Lokalpolitiker der Allgemeinheit dienen. Andererseits gibt fast jeder Pariser ein bisschen mit seinen familiären Wurzeln in der Provinz an, erzählt von Großmutters hausgemachter Leberpastete aus dem Département Gers, von den Ferien auf Tante Eulalies Bauernhof in der Corrèze oder dem Cousin, der in den Pyrenäen Angoraziegen züchtet. So kann man auch als Ausländer ruhig Werbung für seine Heimat machen – wenn man nicht gleich Diaabende veranstaltet. Welcher Pariser weiß denn schon etwas über bayerischen Volkstanz oder Maibäume? Nichts gilt als so pariserisch wie eine kleine Schrulle.

Als Ausländer in Paris leben zu können, ist ein großes Privileg, denn nach wie vor sind die Stadt und ihre Umgebung die meistbesuchte Region der Welt, noch vor Spanien, New York oder London. Knapp 50 Millionen Ausländer kommen jedes Jahr als Touristen hierher. Viele von ihnen verfallen dem Charme der Stadt so sehr, dass sie ihr ganzes Leben davon träumen, hier zu leben. *Les pauvres!* 50 Millionen Menschen, die von den wahren Parisern nur bedauert werden.

Zum Glück mussten wir selbst nicht wieder nach Montevideo, Tokio oder Auckland zurück. Wir konnten uns überlegen, wie wir zu echten Parisern werden würden. Aber wie wird aus einem Nicht-Franzosen ein *Parisien*? Ein lässig eleganter, ein wenig distanzierter, herablassender oder origineller Pariser? Man kann sich ja schlecht ein Baguette unter den Arm klemmen, so tun, als verstünde man kein Englisch und die Champs-Elysées runterrennen. Unsere französischen Freunde wollten wir nicht um Nachhilfe bitten, das war nun wirklich eine Sache der Ehre, denn wir ahnten, dass man sich die Pariser Stadtbürgerschaft nur durch eigenes Studium verdient. Und auch die Tatsache, dass wir ein Bett in der Stadt besaßen, machte uns ja noch nicht zu Parisern. Zufällig fand ich ein Buch mit dem vielversprechenden Titel *Comment devenir une vraie Parisienne* (*Wie Sie eine echte Pariserin werden*). Ich las es in einem Zug von Anfang bis Ende durch. Laut seiner Autorin beginnt die Verwandlung einer Normalsterblichen in eine göttliche Pariserin mit dem Aussehen. Mit was auch sonst. Regel Nummer eins: Mit altmodischer Kleidung, einer sich abzeichnenden Unterhose und einem schlechten Haarschnitt darf man sich als Pariserin nicht auf die Straße trauen. Und grob gesagt kann man bei der Suche nach seiner Identität unter vier Frauentypen wählen: Da gibt es die blaustrümpfige Intellektuelle der *Rive Gauche*, die katholische Familienmutter, die blonde Jet-Setterin und die Neue Ökologin. Alle haben ihre Dresscodes, Treffpunkte und Männervorlieben. Wer das für oberflächlichen Quatsch hält, verkennt die Rolle von Äußerlichkeiten in Paris. Selbst Männer besitzen hier eine

Art Sex-Appeal, der einen umhaut, wenn man so einem Mann zum ersten Mal bei einer Party über den Weg läuft. Sie riechen gut, zeigen in nicht ganz so konservativen Kreisen ihre Brusthaare unter weißen Hemden, machen galante Komplimente und kennen alle Salon-Spiele. In den Pariser Salons sollte man auch eine enthusiastische Sprechweise (provinziell!) vermeiden und lieber «nicht schlecht» als «wahnsinnig toll» sagen, wenn man einen ganz außergewöhnlichen Film gesehen hat. Auf keinen Fall darf man vor 20 Uhr zum Abendessen einladen oder pünktlich auf die Minute bei anderen erscheinen, dafür wundert sich niemand, wenn man kein Auto besitzt, sondern mit Roller, Fahrrad, Taxi oder Rikscha ankommt. Alle kreativen Mittel, den Staus und Parkplatzproblemen der Stadt zu entkommen, werden als völlig normal angesehen. Genauso normal ist es, sich seine Supermarkteinkäufe per Boten ins Haus liefern zu lassen. Die netten Burschen liefern gegen einen Aufpreis Wasser, Mozzarella, Mülltüten und Zahnbürsten in den fünften Stock ohne Fahrstuhl. Und nie, niemals sollte man in Paris einen Milchkaffee nach dem Essen bestellen. Den trinkt man ausschließlich am Morgen. Am Abend gibt es nur einen kleinen schwarzen Kaffee oder eine obskure Kräuterteemischung aus Rosmarin, Lindenblüten und Lavendel. Diese «Tisane» kann man auch in Restaurants mitbringen, wie selbstverständlich aus der Handtasche holen und dem Kell-

Charvet
Schönste Hemden der Stadt, Maßatelier seit 1838
28, place Vendôme
Ⓜ *Opéra oder Tiuleries*

Vélib
Radverleih mit Mietstationen in allen Vierteln
Praktische Anmeldung über www.velib.paris

Rikschas, Tuk-Tuks und Elektroräder über
www.parisinfo.com
www.taxikingclovis.com
www.paris-by-tuktuk.com
www.paris-pedicab.com

Le Carré des Simples
Kräutertees für Gourmets
22, rue Tronchet
www.lecarredessimples.com
Ⓜ *Madeleine*

ner mit einem Lächeln überreichen. Immer noch besser als die Bestellung von Milchkaffee.

Diese Weisheiten nahmen wir nur zu gerne auf. Und nach einigen Wochen Alltag, als wir den Metroplan im Kopf hatten, fühlten wir uns eigentlich schon als Pariser. Doch gleichzeitig wurden wir das bohrende Gefühl nicht los, Ausländer zu sein. Und das immer wieder, ob wir wollten oder nicht. Das Ausländersein blieb trotz unserer begeistert betriebenen Assimilationsversuche einfach an uns kleben. Wenn wir über alte französische Filme nicht lachen konnten, weil wir sie in unserer Jugend nicht gesehen hatten und die so komische Namen trugen wie *Ein Indianer in der Stadt*. Wenn an manchen Tagen selbst das Telefonieren mit einer guten Pariser Freundin zehnmal so anstrengend war wie mit einer deutschen. Die ganz andere Sprache des Humors. Und wie weit kann man bei Vertraulichkeiten gehen? Wir fühlten uns ungeheuer dumm, wenn sich unsere Pariser Bekannten wunderten, dass wir als intelligente Menschen an einer normalen Provinzuniversität und nicht an einer *grande école* studiert hatten und unseren Abschluss erst mit 26 Jahren gemacht hatten.

Wir fühlten uns vor allem als Deutsche, wenn das Land, in dem wir aufgewachsen waren, beleidigt wurde. Obwohl unsere Gesprächspartner das wahrscheinlich gar nicht wollten. Das hatte überhaupt nichts mit Politik oder unseren Politikern oder den Problemen der EU zu tun. In Paris fühlten wir uns zum ersten Mal in die unabweisbare Rolle der *Allemands* gezwungen, auf eine nationale

Identität festgelegt, obwohl wir uns nie betont als Deutsche gefühlt hatten, sondern als Bürger eines Landes, das in Europa liegt. Wir erlebten zwar nie, dass deutsche Autos oder Heizungsboiler heruntergemacht wurden. Aber wenn es bei den in Paris wichtigen Dingen ernst wurde, kamen wir immer wieder geschlagen nach Hause. In den Feldern Mode und Essen hatten wir einfach keine Chance. Modemäßig vor den Kopf gestoßen wurden wir beide zum ersten Mal bezeichnenderweise am 8. Mai, dem Tag, an dem sich die bedingungslose Kapitulation des Deutschen Reiches 1945 jährt und die in Frankreich mit beflaggten Rathäusern, Aufmärschen an Kriegerdenkmalen und großen Reden zelebriert wird. An diesem 8. Mai gingen wir am linken Seineufer spazieren, bummelten an den Schaufenstern des schönen alten Kaufhauses «Le Bon Marché» vorbei, das Émile Zola in seinem Roman *Au bonheur des dames* unsterblich gemacht hat, und beglückwünschten uns mal wieder, in Paris zu leben. Als wir aber nebenan in die Rue des St. Pères, einbogen, liefen wir beim Schuhladen «Mephisto» vorbei, wo fußfreundliche Modelle Typ Birkenstock zu sehen waren. In diesem Moment kamen uns zwei schicke Damen – Jeans, weiße Hemden, nackte Füße in Ballerinas, Longchamps-Taschen – mit dem berühmten Röntgenblick der Pariserinnen entgegen. Sie warfen einen kurzen, abschätzigen Blick auf die Mephisto-Schuhe, und wir hörten gerade noch, wie die eine zur anderen sagte: «Das sind Schuhe für die Deutschen!» Unwillkürlich duckten wir uns. Da kann Karl Lagerfeld ein Deutscher sein und nun schon eine Ewigkeit das Haus «Chanel» führen, wir Deutschen werden von den Pariserinnen immer noch in Mephisto-Schuhe gesteckt, die sicher unglaublich bequem, aber nicht gerade ein Fashion Statement sind. Und obwohl wir an diesem 8. Mai italienische Schuhe trugen, fühlten wir uns stellvertretend hässlich.

Der Zufall wollte es, dass uns in der Woche nach der Mephisto-Lektion ein weiterer Pariser quasi ohrfeigte. Er war ein sehr großer, sehr dunkelhaariger, sehr schöner Stoffverkäufer einer provençalischen Einrichtungsboutique. «Souleiado». Ich unterhielt mich mit ihm über Tischdekorationen mit Kapuzinerblüten und echten Kohlköpfen, er machte mir ein Kompliment für mein gutes Französisch und sagte dann: «Sie sind eine Ausnahme, Madame! Ihre Landsleute bemühen sich ja gar nicht, auch nur ‹Bonjour› zu sagen! Unter 1000 Deutschen gibt es vielleicht einen guten! Die meisten latschen hier herein, latschen wieder raus und kaufen nichts. Ich sehe das sofort, dass das Deutsche sind, die tragen alle diese seltsamen Sandalen, wie Krankenschwestern.» Er schüttelte sich angeekelt und blickte auf seine polierten schwarzen Slipper. Ich versuchte mit allen möglichen Argumenten, meine Landsleute in Schutz zu nehmen, aber er blieb bei seiner Version: «Unter 1000 Deutschen gibt es einen guten.»

«Wissen Sie, was meine Freunde, die Kellner in den Cafés sind, erzählen?», fügte er hinzu. «Niemand ist so geizig wie die Deutschen! Was bestellen sie für ihre Kinder? Eine Cola mit zwei Strohhalmen! Dabei sind sie doch das reichste Land in Europa! Und wenn ich sie anspreche, ob ich ihnen helfen kann, tun sie so, als ob ich

Souleiado

Boutique mit traditionellen Provence-Stoffen, Geschirr, Mode
48, rue de Seine
www.souleiado.com/fr/
Ⓜ *St. Sulpice oder Odéon*

sie gebissen hätte und sagen nur: ‹Nix French!›» Er redete sich nun in Rage, und ich hatte den Verdacht, er habe gekokst, da er gar so extrem reagierte. Während die Kreditkartenmaschine ratterte, blickte der Verkäufer wie hypnotisiert auf die Tasten und sagte dann: «Aber wissen Sie was? Die Franzosen sind ja auch schlimm, wenn sie verreisen! Neulich war ich in Marokko – zu sehen, wie sich die Franzosen am Frühstücksbuffet auf die Croissants und Eier stürzen – am liebsten hätte ich mich unter dem Tisch verkrochen!» Immerhin.

Es gibt einem einen Stich, wenn man feststellt, dass Deutschland trotz Wirtschaftskraft, humanitärer Flüchtlingspolitik und vielfältiger Landschaften als kulturelles Mauerblümchen Europas gilt. Und nicht mal die Landschaften gelten unbedingt als sehenswert. Trotz Fremdenverkehrswerbung erscheint Deutschland manchem Franzosen als eine Mischung aus Island und Industriealptraum, grau-in-grau, eiskalt. Deutschland wird als nordisches Land, als *pays nordique*, bezeichnet, und allein das hat ja eine Konnotation von Rentieren und Iglus. Ich bin schon öfter gefragt worden, ob wir im Winter alle Pelze tragen müssen, um nicht zu erfrieren! Auch die Tatsache, dass Deutschland ein Nachbarland ist, scheint vielen Franzosen nicht bewusst zu sein. Als mein Mann einem Kollegen, der immerhin für einen deutschen Konzern arbeitete, erzählte, wir würden am Wochenende nach Hause fahren, fragte er:

«Wann nehmt ihr das Flugzeug?»

«Wir fahren mit dem Auto, das ist praktischer.»

Der Kollege war entsetzt. «Nach Deutschland! Mit

dem Auto! Ihr seid ja verrückt! Für ein Wochenende! Da kommt ihr ja nie an!»

Mein Mann überlegte kurz, ob sein Kollege Deutschland mit der Ukraine verwechselt hatte und versuchte ihm zu erklären, dass in die Provence zu fahren deutlich länger dauert als ins Rheinland.

«Wirklich? Und du fährst nicht die ganze Zeit 200?», fragte der Kollege verunsichert.

Eines tröstet jedoch: Die Beziehung zu den Engländern ist in Frankreich noch komplexer als die zu den Deutschen.

Nach einiger Zeit wappneten wir uns innerlich, bevor wir Einladungen bei neuen Bekannten annahmen. Denn wir hatten bei unserer Vermieterin Sabine ein Ehepaar kennengelernt, das wir nie vergessen werden. Die Dame hatte drei Jahre in Deutschland gelebt, es aber nicht nötig befunden, die Sprache zu lernen, «denn wer braucht schon Deutsch im Leben?» Als wir nach Fischterrine und Kalbsragout beim Käse angekommen waren, und ich die Spitze des Brie vorne schräg anschnitt, schrie sie entsetzt auf: «Aber was machst du da? So kann man doch nicht einen Briekäse schneiden!» Alle anderen Gäste rund um den Tisch sahen mich an.

Erschüttert ließ ich die Hand mit dem Messer sinken. Schweiß brach mir aus.

«Ich komme aus der Gegend von Brie, *tu sais?* Ich kann es nicht ertragen, wenn er falsch geschnitten wird, Stefanie! Ich werde dir zeigen, wie man das macht», erklärte sie, nahm mir das Messer aus der Hand und schnitt ein Stück wie bei einer Torte heraus. Ich fand die Art, wie sie mich korrigierte, den Gipfel der Unhöflichkeit,

fragte aber interessiert: «Warum wird er denn so geschnitten?»

«Er wird ganz einfach so geschnitten, das ist so», klärte sie mich auf. Am nächsten Tag sah ich in unserer Käse-Enzyklopädie nach: Er wird so geschnitten, damit man vom Herzen bis zum Rande des Käses alle Geschmacksnuancen kostet. Absolut logisch. Und in Pariser Salons hat man das eben zu wissen. *Point final.*

Umso froher waren wir, wenn Deutschland doch einmal ein paar positive Seiten zugestanden wurden. Wobei man wissen muss, dass das in einem geografisch erweiterten Sinne gilt. Bayern und Österreich sind gleichermaßen wegen ihrer Berge, der Schrammelmusik und des Wiener Walzers beliebt. Und überhaupt, wenn es um Musik geht, scheinen die Deutschen kaum zu übertreffen zu sein, denn in jedem von uns wird ein Sängerknabe vermutet.

«Sie sind Deutsche! Wie beneide ich Sie um den Musikunterricht und Ihre Hausmusiktradition! Frankreich fehlt es, dass die Kinder zuhause gemeinsam musizieren!», sagte die Klavierlehrerin von Sabines Tochter, die ich bei einem Cocktail in ihrem Haus kennenlernte. Dass vielleicht nicht alle deutschen Kinder am Mittwoch Abend am heimischen Kamin sitzen und Suiten spielen, diese Illusion wollte ich der Frau nicht nehmen. Auch im Chor, in den ich eintreten wollte, wurde ich mit offenen Armen empfangen, als ich mich als Deutsche zu erkennen gab. «Sie kommen ja aus dem Lande der großen Komponisten», sagte der Chorleiter ehrfürchtig am Telefon, bei dem ich anfragte, ob ich in seinem Ensemble mitsingen könne. «Ich weiß, in Ihrem Land gibt es diese große Musiktradition, jeder singt oder spielt ein Instrument!» Und so hieß er mich auch auf ganz besondere Weise willkommen, als ich in der ersten Probe saß und gerade das Vivaldi-Credo aufgeschlagen hatte.

«Das ist die Liechtensteiner Polka, mein Schatz! Polka, mein Schatz! Polka, mein Schatz! Das ist die Liechtensteiner Polka, mein Schatz! Polka, mein Schatz, die hat's!», sangen mir die 80 Choristen begeistert zum Willkommen vor. Mich haute es fast vom Stuhl. Aber es ging schon weiter. «Man muss beim Schieben, Schieben, Schieben sich nur in die Augen sehn, man muss sich lieben, lieben, lieben, denn die Liebe ist so schön ...», so wurde dieses Stück deutschen Kulturgutes mit einem schweren französischen Akzent vorgetragen. Natürlich hatten die meisten Choristen keine Ahnung, was der Text bedeutete. Seit diesem Tag war ich ein voll akzeptiertes Mitglied im Chor, wurde, bevor ich mich setzen konnte, mit 20 Wangenküssen begrüßt, erfuhr jeden neuen Klatsch, und Didier, der gutaussehende Ingenieur-Tenor, der alle jungen Soprane liebte und ihnen von seinen Ariane-Raketenstarts auf Kourou erzählte, umarmte mich und sagte: «Wie schön bist du wieder heute Abend!» Dann konnte ich endlich in Ruhe singen. Vivaldi. Einen Komponisten, über dessen Landsleute ich hier noch nichts Schlechtes gehört habe.

Doch leider ist ein solcher Enthusiasmus für die Nachbarn auf der anderen Rheinseite nicht so groß, wenn es um das Essen geht. Wie nicht anders erwartet, erlebten wir den absoluten Tiefpunkt unseres kulinarischen

Ansehens ausgerechnet im schönsten Käsegeschäft von Saint-Germain-en-Laye. Bei Sébastien Dubois, dem Käsemeister, dessen Auslagen uns dazu animiert hatten, eine bebilderte Enzyklopädie der Käsearten zu kaufen. Denn wir konnten diese verwirrende Vielfalt aus allerhand Milchsorten, die so schön auf Marmor lagerten, beim besten Willen nicht auseinanderhalten. Die Ladeneinrichtung stammte aus der Zeit um die Jahrhundertwende – und natürlich löffelte Monsieur Dubois noch wie damals die lose Crème Fraîche aus dem Bottich, portionierte dicke Butterblöcke selbst und präsentierte seine sorgfältig umhegten Käse. Es war kein Geheimnis, dass die Familie Dubois ihr Jahreseinkommen ab und zu mit Filmaufnahmen aufbesserte, denn die internationalen Location Scouts rissen sich um die schöne Einrichtung des Ladens. Wenn mal wieder ein Filmteam anrückte, schloss Monsieur Dubois sein Geschäft für einige Stunden zu, die Polizei sperrte die Straße, und die Lastwagen mit dem Filmteam rückten an. Als dieser Zirkus wieder einmal stattfand, traf ich Monsieur vor dem Buffet, das für die Schauspieler vor seinem Geschäft aufgebaut worden war. Neugierig fragte ich ihn, welcher Film denn heute in seinem Geschäft gedreht würde.

Fromagerie Foucher

Einer der schönsten Käseläden Frankreichs
16, rue de Poissy
Saint-Germain-en-Laye
RER A, Endstation
St.Germain-en-Laye

«Ein Werbefilm für den Käse Bonbel, Madame», erklärte er mir.

Bonbel ist ein Industrie-Hartkäse, der mit Sébastiens elaborierten kleinen Schimmelpyramiden aus Rohmilch und Brie auf Strohmatten nichts, aber auch gar nichts zu tun hat.

«Können Sie denn für einen solchen Industriekäse in Ihrem Laden Werbung machen? Das ist doch eigentlich gegen Ihre Philosophie», provozierte ich ihn ein bisschen.

«Natürlich ist das kein Käse, so wie ich ihn verstehe», sagte Dubois, der Maître Fromager. Ich hob erstaunt die Augenbrauen. «Aber das macht nichts. Der Film ist doch nur für die Deutschen, wissen Sie», beruhigte er mich und winkte ab. Wie gut, dass er mich immer noch für eine Belgierin hielt.

Dubois hat sein Geschäft vor Kurzem an die traditionsreiche Fromager-Familie Foucher weitergegeben. Auch oder gerade wenn es um Käse geht, bleibt man in Paris über Generationen ganz unter sich.

Nach dieser kulinarischen Beleidigung durch Monsieur Dubois versuchten wir bewusst, unser Land in Szene zu setzen. Wir beschlossen, ein deutsches Abendessen zu geben. Mit dem deutschen Essen ist das in Paris so eine Sache. Wir wussten von unseren *chers amis* Clotilde und Henri, dass viele Franzosen Schmalzbrote anscheinend für das Nonplusultra der deutschen Küche halten, da sie sie in ihrer Urtümlichkeit an das Skifahren in den Bergen erinnert. Aber wie soll man Schmalzbrote in ein ernst zu nehmendes Abendessen einbauen? Der in Österreich so geschätzte Tafelspitz ist in Frankreich eher verpönt, da gekochtes Rindfleisch als wenig raffiniert angesehen wird. Schließlich hatte ich mir nach langem Überlegen ein echtes deutsches Abendessen überlegt, zu dem wir Sabine und Jean als Versuchskaninchen einluden. Erst der berühmte lauwarme Kartoffelsalat nach dem Rezept von Alfons Siebeck, dann Frankfurter Grüne Soße mit harten Eiern, Geheimrat Goethes Leibgericht, als Hommage an Jeans Jahre in Deutschland. Beim Käsegang entschied ich mich für Obatzter und Harzer Roller. Ich wusste, das war gewagt, aber die Franzosen waren bei Käse ja einiges gewöhnt. Zum Schluss als Krönung Rote Grütze mit Vanillesoße. Da konnte ja kaum etwas schiefgehen! Allein für das Hacken der sieben verschiedenen Kräuter für die Grüne Soße brauchte ich Stunden. Das Ergebnis meiner Bemühungen: ein Desaster. Anfangs versprach der Abend ein Erfolg zu werden. Wir unterhielten uns absolut rauschend bei Portwein und Oliven: Jean erzählte von seinem Auslandsschuljahr in einem österreichischen Jesuiteninternat, Sabine von ihrer Zeit in Afrika bei «Ärzte ohne Grenzen». Aber dann lief es ganz anders als gedacht. Erstens hatte ich mich mit den Mengen der Vorspeise vertan. Der lauwarme Kartoffelsalat war als Entrée viel zu schwer. Sabine und Jean sahen nach der halben Portion bereits so aus, als würden sie gleich mit dem Stuhl durch den Boden brechen. Mein Mann versuchte, die Situation zu retten und schenkte großzügig Weißbier ein, in der Hoffnung, den Klumpen im Magen etwas zu verflüssigen. Ich hatte jedoch das Gefühl, das Bier rege nur die Gärung der lauwarmen Gewürzgurken im Magen an. Wir hatten vergessen, dass wir in unserer bayerischen Zeit auch einige Wochen gebraucht hatten, um uns an das Hefeweizenbier zu gewöhnen. Dann kam das Hauptgericht, die Frankfurter Grüne Soße mit neuen Kartoffeln. Jean schlurpte die Soße vornehm in sich rein, tauchte mit der Gabel ab und zu nach Eierstücken und schien sich zu fragen, ob das in Deutschland unter einem anständigen Hauptgang verstanden würde. Sabine sagte: «Deine Kartoffeln sind *délicieuses*, Stefanie, da braucht man gar kein Brot», und strich sich die Haare aus der Stirn. Mist, hätte ich Baguette auf den Tisch stellen sollen? Jetzt schon? Oder erst zum Käse? Den Käsegang ließ ich angesichts der dicken Schicht Kartoffelsalat im Magen spontan ausfallen, denn beim Gedanken an noch eine Schicht zermatschten Camemberts mit Ei und Paprika wurde mir selbst ganz anders – bestimmt ein Fauxpas: Ich habe in Frankreich nie ein Abendessen ohne Käse erlebt. Unsere Rettung war zum Glück die Rote Grütze, an die ich nach diesem furchtbaren Diner nicht mehr geglaubt hatte. Mit Roter Grütze bekommt man jeden Franzosen rum, das haben wir auch bei späteren Essen immer wieder gemerkt. Jean verspeiste davon sage und schreibe drei Portionen. Ob er doch nicht satt geworden war oder das Bier endlich seine Wirkung getan hatte, ich weiß es nicht. Als wir dann den Ettaler Kräuterlikör im Roten Salon nahmen, schien mir der Abend doch noch gerettet. Beim nächsten Essen aber kaufte ich zwei verschiedene Terrinen beim Feinkosthändler, legte ein Huhn in Thymianöl und Zitronen ein und servierte ein Mangosorbet. Das Diner war natürlich ein voller Erfolg. So viel zu deutschem Essen in Paris.

Die Erotik des Essens.
Ein Mythos lebt

In einem Land, in dem Essays über Radieschen genauso wichtig genommen werden wie solche über Montaigne oder Nahost-Politik, muss man möglichst schnell die Kunst des Speisens lernen. Ob man will oder nicht. Das brachten uns zuallererst französische Kinder bei, die die Wertschätzung für kulinarische Genüsse an der Familientafel aufzusaugen scheinen, sobald sie die Muttermilch nicht mehr über die Schulter rülpsen und gerade sitzen können. Eigentlich wollten wir das ausgelutschte Klischee, die Franzosen beschäftigten sich so intensiv mit Essen wie keine andere Nation, ein- für allemal widerlegen. Die Franzosen ein Volk von Feinschmeckern? Lachhaft! Selten haben wir so viele Menschen bei McDonald's und in Sandwich-Buden anstehen sehen wie in Paris. Die Marketingmanager der Tiefkühlbranche müssen sich dumm und dämlich verdienen, wenn man die Berge an Fertiggerichten sieht, die die vielen berufstätigen Mütter in ihre Einkaufswagen stapeln. Allein in unserer Straße parkte der blau-weiße Lieferwagen des Tiefkühl-Imperiums «Picard» jede Woche, um kiloweise schockgefrorene Meeresfrüchte-Lasagne und

Picard Surgelés
Beste Tiefkühlmenüs, Eis und Aperitifsnacks in vielen Stadtvierteln
www.picard.fr

Riesenpizzas für das Überleben der Familien direkt in die Gefriertruhe zu schleppen.

Doch der erste Botschafter der guten Küche, der unserem hochnäsigen Projekt «Franzosen sind nicht mehr die feineren Esser Europas» einen herben Schlag versetzte, war François, der Sohn unserer Lieblingsfreundin Clotilde. François war damals ein vierjähriger Dreikäsehoch, der die Besucher seiner Eltern aus dem Hinterhalt mit riesigen Wasserpistolen besprützte, während diese gerade im Salon Stiche von Schloss Sanssouci bewunderten. Abgesehen von dieser für sein Alter nicht weiter beunruhigenden Eigenschaft war François bereits ein Feinschmecker, an dem jeder Michelin-Tester seine Freude hätte. François liebte Krebse. François brach Langusten auseinander. Er pulte die Austern aus der Muschel. Steuerte zielstrebig auf das rosafarbene Knuspergebäck aus der Champagne zu. Und François hatte seinen ersten größeren Haushaltsunfall mit dem Trüffelhobel. An einem Abend kurz nach unserem Umzug waren wir bei Clotilde und ihrer Familie zum Willkommensdiner eingeladen. François stand in einem Ganzkörper-Tigerkostüm aus Plüsch neben seiner Mutter und streckte uns zur Begrüßung in der einen Hand den langen Tigerschwanz, in der anderen den Vorspeisen-Teller mit einer Auswahl luftgetrockneter Schinken hin.

«Du musst diesen Schinken aus Spanien nehmen, der ist besser als der französische!», sagte er und stopfte sich gleich zwei Scheiben davon in den Mund. Clotilde nahm ihm den hübsch arrangierten Porzellanteller aus der Hand, strich ihm liebevoll über den Kopf und erklärte nicht ohne Stolz: «François ist der geborene Gourmet!» Eine Untertreibung sondergleichen.

«*Maman* hat die Langusten heute zu kurz gekocht, sie schmecken wässrig! Und außerdem hat sie das Lorbeerblatt im Kochwasser vergessen!», trompetete er, als wir nach dem Aperitif auf der Mitte des Tisches eine riesige Platte mit Langusten bewunderten, die dekorativ aufgetürmt waren. Da schaltete sich unser Freund Henri ein, der seit seiner Rückkehr von der französischen Botschaft in Deutschland in einem Ministerium arbeitete und darunter litt, zweimal in der Woche mit den Bankpräsidenten dieser Welt die Sterne-Restaurants von Paris abklappern zu müssen und danach, noch schwer gegen den Bordeaux-Halbschlaf kämpfend, bis in die Nacht hinein wichtige Analysen schreiben zu müssen.

«François isst zwar nicht viel, aber er liebt die wirklich guten Dinge!», machte Henri klar und ließ deutlich erkennen, dass er diese Neigung seines Stammhalters für ein Zeichen von Kultur hielt. «*Il apprend le goût des bonnes choses* – Er lernt, die guten Dinge des Lebens zu schätzen.» Das fängt für Kinder mit dem Essen an, die anderen Dinge kommen erst in der Grundschule.

Henri erinnerte sich sehr gern an seine Zeit als Botschaftsattaché in Deutschland vor einigen Jahren. «Die Rheinauen!», sagte er so schwärmerisch wie Goethe einst von Italien gesprochen haben mag. Das Einzige, was er nicht gemocht hatte, war das deutsche Essen gewesen, aber das traute er sich seinen deutschen Freunden auch erst zu später Stunde zu gestehen, da er Deutschland so liebte. Sein Kummer war vor allem die schlechte Versorgung mit frischem Fisch gewesen, und so gab er manchmal die Anekdote zum Besten, wie der Koch bei einem offiziellen Diner in der Botschaft Fisch serviert hatte, der jedoch leider *un problème de fraîcheur*, ein Frischeproblem, hatte, wie Henri es vornehm umschrieb. Kaum waren die Herren aus ihren dunklen Anzügen geschlüpft, kaum hatten die Damen ihre Perlen abgelegt, hing das gesamte diplomatische Corps über den Kloschüsseln.

In Paris gibt es sogar eine ganze Wirtschaftssparte, die sich um die Geschmackserziehung der Kinder kümmert. Bücher wie *Baby Miam Miam* oder *La cuisine est un jeu d'enfants* stehen immer wieder an der Spitze der Bestsellerlisten. Dort finden die Mütter einfache, aber raffinierte Rezepte, die zur Gourmet-Erziehung der Kinder inspirieren sollen. Die französische Version der Hipp-Gläschen bietet als Einstiegsgemüse nach Karotten ein Püree von *Artichauts de Bretagne* an. Fachleute besuchen am offiziellen «Tag des Geschmacks» mit Aromakoffern bewaffnet die Grundschulen, um die Kinder die Feinheiten des «Wie schmeckt was warum?» zu lehren und damit den Grundstein für spätere Weindegustationen zu legen. Denn es ist ein höchst offiziell verfolgtes Anliegen, dass die kleinen französischen Staatsbürger nicht den Geschmack an gutem Essen verlieren. «Il faut avoir le goût des bonnes choses» ist nicht nur bei Henri und Clotilde, sondern die in allen sozialen Schichten verbreitete Maxime, wenn es ums Essen geht. Die Weitergabe von Prinzipien auf dem Gebiet der Nahrung ist vielleicht der kleinste gemeinsame Nenner im weitgefächerten Wertekanon dieser Nation. Auch Spitzenköche sind auf die kleine Kundschaft eingestellt. So haben Starköche selbstverständlich Kindermenüs mit Edelfischen im Programm, das die Kindergartenkinder – die von ihren Großeltern eingeladen werden – ohne Schreierei nach Pommes mit Ketschup und mit nur wenig Gekleker verspeisen. Für uns stand damals schon fest, dass François mit fünf Jahren im Kinderkochkurs des Hotel Ritz bei den *petits marmitons du Ritz*, den kleinen Küchenjungen des Ritz, eine ebenso geschmackssichere kleine Freundin finden und sich in sie verlieben würde. Gemeinsam würden sie überlegen, ob man die lebenden Hummer, bevor sie im kochenden Wasser enden, besser beruhigt, indem man sie in den Tiefkühler legt oder sie doch lieber zart zwischen den Augen streichelt.

Young Chefs
Schicke Kochschule für Kinder und Eltern in der Ecole Escoffier des Hotel Ritz
15, Place Vendôme
www.ritzescoffier.com
Ⓜ *Opéra*

Auch wenn seit der Begegnung mit François unsere kulinarisch-kritische Einstellung gegenüber unseren gallischen Gastgebern ins Wanken geraten war, so schnell waren wir nicht bereit, ganz zu kapitulieren! Kinder sind eine Sache, Erwachsene aber eine ganz andere, dachten wir und hielten die These: «Franzosen sind nicht die größeren Gourmets» aufrecht. Denn spätestens, wenn aus den verwöhnten Blagen geldknappe Studenten oder gehetzte Berufstätige werden, ist es aus mit diesen Langusten-Sperenzchen. Dachten wir. Leider häuften sich nach und nach unübersehbar die Beweise, dass die Franzosen sich tatsächlich am liebsten mit dem Einen beschäftigen: dem Essen. Diese Leidenschaft ist auch bei größter Skepsis nicht zu übersehen, und wir mussten unsere

Idee, die Franzosen als gaumentote Plastikfraß-Schlinger zu demaskieren, aufgeben. Die Liebe, mit der unsere Freunde, die Menschen in den Geschäften und Bistros sich dem Essen, den Zutaten und den Zubereitungsarten hingeben, hat etwas Manisches. Zumindest für uns Ausländer.

Da war die Geschichte mit der Aprikose. Wir entdeckten sie, als wir an einem Augustmorgen in unserem Lieblingscafé auf dem Marktplatz von Saint-Germain-en-Laye saßen und bei einem Milchkaffee einen Stapel Zeitungen in Angriff nahmen. Das Thema auf Seite eins von «Libération» war an diesem Tag – die Aprikose. Ja, die Aprikose! Strahlend bunt prangte ein riesiges Foto mit dieser appetitlichen Frucht auf dem Titelblatt. So geschickt vergrößert, dass man sie auf den ersten Blick für den flaumigen Popo eines jungen Mädchens halten konnte. In den vergangenen Monaten waren auf dieser Seite erschütternde Kriegsbilder zu sehen gewesen, graumelierte Politikerköpfe, Bilder von Naturkatastrophen in aller Welt. Das Übliche halt, wenn auch von der für ihre kreativen Einfälle bekannten Bildredaktion besonders gut in Szene gesetzt. Aber Aprikosen als Aufmacher der «Welt» oder der «Süddeutschen Zeitung»? Undenkbar. Was in «Libération» so appetitanregend auf der Titelseite angerissen war, ging auf den nächsten vier Seiten weiter und nannte sich «Porträt einer modernen Frucht». Die Weltpolitik musste hintanstehen. Erst nach der Aprikose und zwei Berichten über die Tour de France erfuhr der geneigte Leser auf Seite neun etwas über

Café de l'Industrie
Croque Monsieur und Kaffee
unter den Arkaden
6, place du Marché Neuf
Saint-Germain-en-Laye

aktuelle politische Gipfeltreffen. Der Rest: die Aprikose rauf und runter. Was ist schon Außen- oder Innenpolitik oder Wirtschaft gegen die Karriere einer französischen Frucht? Zwar widmen auch «Le Monde» und der «Figaro» regelmäßig einige ihrer Innenseiten neuen Restaurants, literarischen Ergüssen über die letzte Entwicklung von Bressehühnern, die optimale Zubereitung von Seezunge und die Vorteile von Induktionsherden. Aber niemals eine ganze Titelseite. Doch die ernste Lage der Aprikose schien diese hervorgehobene Platzierung tatsächlich zu rechtfertigen. Die Leser der «Libération» erfuhren, dass die aktuelle Rekordernte zu Tiefpreisen, einer «wahren Psychose» auf dem Markt, geführt habe. Dass die Züchter das Qualitätsproblem – sie waren entweder matschig oder mehlig – lösen müssen, um Anschluss an die besten Produkte zu finden.

Die Aprikose ist eben nicht nur modern, sondern auch erotisch. So warnte das Editorial auch vor den dramatischen Gefahren, die der «schönen Frucht mit der Haut eines jungen Mädchens» drohten: Zu hart! Ohne Geschmack! Gott bewahre!

Dabei sei sie doch eine «Tendenzfrucht»: «Leicht und ohne zu kleckern zu essen, also perfekt für die schnelle Küche oder als Snack vor dem Fernseher», schrieb der begeisterte Journalist. Ein junger Star-Patissier lobte auf einer weiteren Seite die Vorzüge der Aprikose: «Das Zusammenspiel von Süße und Säure, die wahrhaft im Mund explodiert, ihre Haut, die die Lippen so weich berührt ...» Er empfahl, sie mit Schokolade, Rhabarber, roten Beeren, Pfeffer oder Ingwer zu vermählen, als Eis, in Blätterteig, als Gratin, als Gebäck zu reichen ... Ja, die französische Aprikose, unsere sinnliche Freundin des Sommers. Wir werden nie wieder auf die Idee kommen, die Franzosen für nachlässige Esser zu halten.

Der Jahreskreis gönnt dem Magen im Schatten des Eiffelturms auch nicht eine Pause. Nach Weihnachten, so könnte man meinen, ist die Delikatessenschlacht endlich geschafft und man könne nach der anstrengenden Zeit mit Gänsestopfleber und Wildschweinterrinen jetzt ein paar Fastenmonate einschieben. Mit kleinen Karottensalaten, frischen Säften, braunem Reis und dem breiten Sortiment von Magenaufräumern, die in der Zeit nach Weihnachten griffbereit neben den Kassen in den Apotheken liegen ... – Keine Chance! Jeder Monat des Jahres in Frankreich hat seine eigene Ausrede, endlich einmal wieder etwas richtig Gutes einzukaufen. Nach der *Galette des Rois*, dem süßen Dreikönigskuchen aus Blätterteig, in dem eine kleine Porzellanfigur versteckt ist, kommt Anfang Februar Lichtmess, *Chandeleure*, mit seinen Crêpes. Zwischendurch darf man natürlich nicht vergessen, dass jetzt die Trüffel auf den Markt kommen, und die Austern sind auch gut. Zum Valentinstag gibt es mit Blattgold auf feine Schokoladentäfelchen geschriebene heiße Grüße. Zu Ostern hängen Schokoglocken in den Fenstern, und es gibt Fische und Hasen aus Briocheteig zu kaufen. Zum Muttertag muss man wieder Schokolade kaufen, und im Mai kommen Spargel und neue Erdbeersorten auf den Markt, die verführerisch duften und

Librairie Gourmande
Gourmet-Buchladen für Profis und Laien
92–96, rue Montmartre
www.librairiegourmande.fr

Fauchon
Haute Couture zum Essen. Der spektakulärste Feinkostladen der Stadt mit Café und Luxus-Takeaway
24–26 und 30, Place de la Madeleine
www.fauchon.com
Ⓜ *Madeleine*

unverschämt teuer sind. Die großen Weinmärkte in den Supermärkten finden Mitte September statt, kaum dass man aus dem Urlaub zurück ist, und die Leute schleppen kistenweise Wein mit nach Hause, um den Winter über versorgt zu sein. Sie zieht sich ohne Unterbrechung übers gesamte Jahr hin, diese Liturgie des Essens.

Die Manie, den Fisch mit den klarsten Augen, das Brot mit der anmutigst geschwungenen Kruste, die Erdbeeren mit dem süßesten Aroma zu finden, fällt auch jedem auf, der zum ersten Mal die kritischen Kunden auf dem Wochenmarkt von Saint-Germain-en-Laye beobachtet. Dreimal in der Woche verwandelt sich der große Platz zwischen Post, Blumenladen und dem «Café de l'Industrie» in einen bunten Markt. In der Nacht bauen die städtischen Markthelfer mit Stangen und Planen ein überdachtes Gassen-Labyrinth auf, in dem sich montags, freitags und sonntags die Leute drängeln. Ja, am Sonntag geht man in St. Germain nach der Kirche auf den Markt. Mein Mann behauptete boshaft, an der Stelle des Vaterunsers, wo es heißt: «Unser tägliches Brot gib uns heute», würden sich die Damen unwillkürlich mit der Zunge über die Lippen fahren und man sähe ihnen den gedanklichen Kampf an, bei welchem Bäcker sie sich heute für ein riesiges Landbrot anstellen sollten. Aber das ist wirklich böse, und ich selbst habe das noch nie beobachtet. Mein Mann ist Protestant, das prägt vielleicht seinen Interpretations-

---

Patrick Roger
Chocolatier

Schokoladen-Künstler mit Galerie-Boutiquen in und um Paris, u.a.
2, rue de Paris
Saint-Germain-en-Laye
www.patrickroger.com
RER A, Endstation
St. Germain-en-Laye

Marché de Saint-Germain-en-Laye

Die Idylle eines Dorfmarktes mit Hauptstadt-Vielfalt
Place du Marché
Saint-Germain-en-Laye
Dienstag-, Freitag-, Sonntagvormittag
RER A, Endstation
St.Germain-en-Laye

rahmen, was weibliche katholische Kirchgängerinnen angeht.

Andererseits wäre das unwillkürliche Verhalten der Besucherinnen des Gottesdienstes nur allzu verständlich. Denn der Markt ist ein solches Schlaraffenland, dass himmlische Ahnungen und weltliche Völlerei ineinander überzugehen scheinen. Obst- und Gemüseberge sind wie auf niederländischen Stillleben akkurat aufgetürmt, die Langusten-Armeen thronen stolz und perfekt nach vorne ausgerichtet auf den Eisbergen. Beim Stand für Innereien liegen die dicken Zungen kokett mit der Spitze zum Mittelgang, und der Pferdefleischer richtet sein tiefrotes Fleisch zwischen Petersilie und lila Disteln an. Der Überfluss an glotzenden Fischen, an pyramidenförmigen Ziegenkäsen und die unüberschaubare Vielfalt an Artischocken rauben jedem die Sprache, der zum ersten Mal durch die Gänge schlendert.

Auch uns fing der Rhythmus des Marktes sofort ein, und wir lebten und dachten mit ihm, planten unsere Ausflüge und Verabredungen nach ihm. Niemand verpasst in St. Germain den Markt, und das Argument: «Da kann ich nicht, da ist Markt», ist keine Ausflucht, sondern eine ernste Sache. Der Marktbesuch ist das Vergnügen der Woche. An Markttagen traf ich schon in unserer Straße viele Nachbarinnen mit ihren karierten Zwiebelporsches, diesen praktischen Einkaufswagen auf zwei Rädern, mit denen sie voller Tatendrang zum Markt rollerten. Wer schon um halb neun unterwegs ist, gilt als Frühaufsteher, erst gegen elf Uhr ist der Markt so voll, dass man zwischen herausgeputzten Kindern und mit Obst beladenen Wagen, schwitzenden Ehemännern

und uralten Paaren, die das Huhn fürs Wochenendes kaufen, kaum mehr durchkommt. «Bonjour, Stefanie, tu fais ton marché?», fragten die Nachbarinnen, wenn ich mit meinem Einkaufswagen über das Kopfsteinpflaster an der Ecke holperte. Tatsächlich, in der französischen Sprache fallen Form und Inhalt zusammen. Denn es war «mein Markt», *mon marché,* auf den ich ging und es war mein Markt, mein kleiner persönlicher Markt, den ich nach Hause zog. *Le marché* folgt ganz eigenen Gesetzen. Da gab es das alte Paar, das in Vergessenheit geratene Gemüsesorten zog und seinen Kunden lange Vorträge über die Zubereitung der Ufo-Zucchini im Bratensaft hielt. Und den anzüglichen Olivenmann, der immer denselben Scherz machte, wenn ich mit Mandeln gefüllte grüne Oliven kaufte.

«Wann soll ich denn heute Abend kommen?»

«Um acht, zum Apéritif, Monsieur!»

«Aber sagen Sie Ihrem Mann nichts davon!»

In Deutschland hätte er längst eine Klage wegen sexueller Belästigung am Hals.

Ohne Humor, eine flinke Zunge und eine laute Stimme können sich die Händler gegen die große Konkurrenz nicht durchsetzen.

«Einen Blick, Madame, schenken Sie mir nur einen Blick», ruft es von rechts. «Erdbeeren, Erdbeeren, herrliche Erdbeeren!», ertönt es von links.

Jeder Händler preist seine Ware an, und jeder Verkäufer ist ein kleiner Kochprofessor. Manchmal schwatzt einem ein Gemüsehändler gegen Ende des Marktes Produkte auf, die man gar nicht kochen wollte, geschweige denn überhaupt mag. Was sollte man nur zu zweit mit einer Steige Feigen anfangen? Oder fünf Kilo Erdbeeren?

Erst nach einigen Monaten war ich als Stammkundin bei den diversen Ständen akzeptiert und hatte die Spielregeln begriffen, so wie es auch im diplomatischen Dienst eine gewisse Zeit braucht, bis man die vielen ungeschriebenen Gesetze verstanden hat. Am Anfang trat ich wirklich in jedes Fettnäpfchen. Ich stellte die falschen Fragen. Ich ging zu den, in den Augen meiner Nachbarinnen, falschen Ständen. Ich hatte keine Ahnung, was ich auf Nachfragen der Verkäufer antworten sollte. Kurz, ich brauchte einige Zeit, um eine den anspruchsvollen Verkäufern ebenbürtige *maîtresse de maison* zu werden. Bis ich meine Marktleute mit Vornamen kannte – sie nannten mich jedoch stets «Madame» –, bis sie mir Extra-Blumen einpacken und meinen Mann grüßen ließen, für den sie seinen Lieblingskäse im Lieblingsreifegrad aufgehoben hatten, dauerte es einige Zeit.

Mein erster Fauxpas passierte mir ausgerechnet am Käsestand. Dabei glaubte ich mich auf sicherem Terrain zu bewegen. Ich stellte mich an einem der vielen Käsestände an. Es dauerte endlos. Vor mir eine ältere Dame, die den Brie einer strengen Kontrolle unterzog. Der eine zu reif, der nächste zu trocken – «Ich weiß, ich bin anspruchsvoll», sagte sie selbstgefällig. Bis sie das halbe Wagenrad, das sie für ihre Familie brauchte, gefunden, bis sie die Salzbutter mit den dicken Kristallen aus der Bretagne, die Sahne aus den offenen Bottichen in ihrem Trolley verstaut hatte, verging einige Zeit. Ich wurde ungeduldig, eine schlechte germanische Eigenschaft, denn in dieser Zeit kann man schließlich die verschiedenen Käse in der Auslage genau studieren. Endlich war ich dran, orderte ein Pfund Raclette-Käse. «Welchen Käse wünschen Sie, *chère madame*?», fragte der Händler. «Natur Schweizer oder französischen, mit schwarzem Pfeffer, weißem Pfeffer, Paprika, Senfkörnern oder Weißwein?»

Was hatte er gesagt?

«Natur französischen, bitte», sagte ich und dachte, dass ich seinen Nationalstolz damit befriedige. «Er ist doch aus Rohmilch, oder?»

Der Verkäufer sah mich empört an und sagte langsam und deutlich:

«Ich verkaufe nur Rohmilch-Käse, Madame, was denken Sie denn?» Dann wandte er sich von mir ab und schenkte dem Raclettekäse seine ganze Aufmerksamkeit. Er nahm ihn beherzt in die Hand, wischte die Rinde mit einem Tuch sorgfältig sauber und schnitt das halbe Kilo in dünne Scheiben. Mit der Hand! In Deutschland geht das zackzack mit einer Maschine. Ich bedankte mich bei ihm mit der Höflichkeit, die ich einem Meister seines Fachs glaubte, für diesen besonderen Service entgegenbringen zu müssen. Wieder sah er mich an, als wäre ich nicht ganz bei Trost. Er seufzte hörbar.

«Madame, ich werde Ihnen eines erklären. Der Käse bleibt, wenn er mit der Hand geschnitten wird, unversehrt. Bei der Maschine wellt er sich, da die Masse zu weich ist, und die Scheiben reißen ein. Wollen Sie etwa eingerissene Scheiben servieren?» Das beeindruckte mich. Vor meinem geistigen Auge sah ich den westfälischen Käsemann meiner Kindheit vor mir, der gesagt hätte: «Das tut doch wohl nicht nötig, das schmilzt doch sowieso!» Irgendwann wurde mir auch klar, warum der Zwiebelporsche ein Porsche sein muss. Weil es bei meiner Kräuter-und-Zwiebelfrau Zwiebeln gab, die mindestens einen Porsche brauchten, um standesgemäß heimgefahren zu werden. Sie kommen aus Roscoff im Norden der Bretagne, werden dekorativ zu Sträußen zusammengebunden und kosten aktuell sieben Euro.

Der Wochenmarkt ist eine Spielwiese für Leute, die selbstverständlich verrückt nach frischen Lebensmitteln sind, und dazu finden sich hier an jeder Ecke Läden, die in Deutschland spießig «Delikatessgeschäft» heißen und mich heute noch an mit Gelatine und Mayonnaise überzogene Schinkenröllchen aus den Kochbüchern der 1960er-Jahre erinnern. In Frankreich heißen die traditionellen, persönlich geführten Fressläden «Traiteur» (von *traiter:* behandeln, verfeinern), und sie haben Vitrinen, deren Inhalt aus dem Schlaraffenland kommen muss. Wir drückten uns an ihnen die Nasen platt und kamen uns vor wie damals unsere Onkel, die nach dem Fall der Mauer zum ersten Mal auf die Lebensmittelabteilung des KaDeWe losgelassen wurden. Was gibt es da nicht alles zu sehen: Garnierte Langusten, bunte Fischterrinen, Mini-Pizzas, silbrige Schälchen mit Schokoladenmousse und Karamelcrème, Crêpes mit Meeresfrüchten, Kartoffelgratin, Trüffel unter einer kleinen Glashaube, Lauch in Vinaigrette, gebratene Landhühner, Pasteten im Blätterteigmantel, Grapefruits mit Krabben ... Zuerst hatten wir uns gewundert: mehrere Traiteure in Saint-Germain-en-Laye, einer Stadt mit nur 50000 Einwohnern? Aber die Läden waren immer brechend voll. Auch wir haben uns, nachdem wir die Scheu der ersten Monate überwunden hatten, in denen wir uns nicht reintrauten, weil wir solche Einkäufe außerhalb der Feiertage als sündig empfanden, von der Schlange der Kunden überzeugen lassen. Wir fingen schüchtern mit einem Gurkensalat an. Dann arbeiteten wir uns zu den Mayonnaisesalaten vor. Nach ein paar Mal wurde uns der Besuch beim Traiteur zur lieben Gewohnheit, wenn wir keine Zeit hatten zu kochen oder wir uns einen gemütlichen Filmabend ohne Kochen oder sonst eine Mühe machen wollten. Wir kauften dann Hühnerbrust in Weißwein mit Sahnespinat oder in Blätterteig gerolltes Fischfilet mit schwarz gefärbtem Basmatireis ein. Ein Besuch beim Traiteur hat stets etwas von dieser leichten Urlaubsverrücktheit von Ausländern, die nicht wissen, wie lange das Leben in dieser Herrlichkeit noch dauern wird. Natürlich waren wir ständig pleite, weil wir all unser Geld, das nach Abzug der Miete übrig blieb, für Essen ausgaben.

Monoprix

Legendäre Kaufhauskette, zum Teil mit Gourmet-Abteilung u.a. 67–71, rue de Pologne Saint-Germain-en-Laye www.monoprix.fr RER A, Endstation St. Germain-en-Laye

An den traurigen Tagen, an denen kein Markt stattfand und wir die Kosten des Traiteurs scheuten, war das Zentrum des Schlemmerdaseins der Supermarkt. Aber nicht irgendein Supermarkt, sondern ein Flaggschiff der «Monoprix»-Kette. Dieser «Mono» ist so gut sortiert, dass er in Deutschland ein snobby Feinkostladen wäre. Er quillt über von Produkten, die wir in dieser Pracht in München nur bei «Dallmayr» oder «Käfer» gesehen haben. Mit den traurigen, sterilen Supermärkten, in denen zusammengeschrumpelte Strumpfhosen in Wühlkörben und Sauce Hollandaise aus der Tüte nebeneinanderliegen, hat das nichts zu tun. Ein Gang zum «Monoprix» ist ein bisschen Zoologie, ein bisschen Reise in ferne Länder. Wenn mein Mann abends spät und genervt aus dem Büro kam, ging er zum Entspannen in den «Mono», der bis halb zehn offen hatte. Dort beruhigte ihn die Weinabteilung, deren Flaschen von einem Sommelier gepflegt werden. Er sah sich in der Gemüseecke die frischen Kräuter an, die im säuselnden Wasser eines Springbrunnens auf Kunden warteten. Riesige gefüllte Fische blickten hinter kandierten Früchten durch die Vitrinen, und die Käsetheke war der beste Beweis dafür, dass es in Frankreich für jeden Tag des Jahres eine andere Käsesorte gibt. Immer wieder entdeckte er Unbekanntes, das er begeistert mit nach Hause brachte. So wie die Jahrgangs-Cornichons mit Gurkenfahrstuhl. Man muss diese besonders edlen Gürkchen nicht mit zwei Fingern aus dem Glas fischen, sondern zieht sie auf einer Plastikscheibe hoch. Und auch wenn wir in Paris schon so schlecht gegessen haben wie nirgends sonst auf der Welt, Zigarrenstummel im Rotwein fanden und uns über trockene Sandwiches für acht Euro und bis auf Atombasis zerkochte Hühner geärgert haben: Ein Land, in dem Gurkenfahrstühle erfunden werden, muss man einfach lieben.

Drunter ist drüber. Warum pflaumenblaue Dessous eine ernste Sache sind

Mmh ... Echt? Lila Höschen? Ein pflaumenblaues Höschen aus Spitze lag auf meiner linken Hand, von einer rosa Schleife gekrönt. Die helle Hautfläche schimmerte wie Elfenbein durch den feinen Stoff. Gesponnener Zuckerschaum in Pflaume, ein Hauch von einem Nichts. «*Alors Madame*, was meinen Sie? Das passt perfekt zu Ihrem neuen Sommerkleid in *prune*, und sehen Sie, hier habe ich auch noch verschiedene BHs dazu, durchsichtige Spitze, gepolstert oder mit einem Bügel für alle Fälle», sagte die junge Verkäuferin in der Wäscheboutique «PRINCESSE tam·tam» und blickte mich erwartungsvoll an. Meine Dessousberaterin sah selber aus wie eine exotische Prinzessin: riesige dunkle Mandelaugen, üppig geschwungener Mund, eine Mähne ebenholzschwarzer Haare. Sie trug dunkelblaue Jeans, ein dezentes weißes Hemd, das einen Blick auf ihr Dekolleté mit einer feinen Goldkette darauf zuließ, schwarze Wildlederstiefel – ein Outfit, das die gepunkteten, getigerten, karierten oder unifarbenen Nachthemden, BHs und Slips noch bunter aussehen ließ. Wäre ich ein Mann gewesen, ich hätte ganz, ganz

PRINCESSE
tam·tam

Bunte Dessous in schicken Boutiquen u.a.
19, rue Vieille du Temple
www.princessetamtam.fr
Ⓜ *Hôtel de Ville*

langsam die halbe Boutique gekauft, nur um diese Verkäuferin weiter ansehen zu können. Aber ich war ja kein Mann, sondern eine Frau, die die Frage: «Pflaumenblau oder nicht?», beantworten musste.

Ich war in diesen Lingerie-Laden gegangen, weil ich mir bei «Le Comptoir des Cotonniers» im Ausverkauf ein ärmelloses lila Sommerkleid im 30er-Jahre-Stil mit plissiertem Rock gekauft hatte, dazu ein kurzes Jäckchen, das in der Mitte mit einer gehäkelten Schnur geschlossen wurde. Erst zuhause war mir aufgefallen, dass ich nichts Passendes für drunter besaß, denn egal, welchen BH ich probierte, ob schwarz oder beige, bei allen sah man entweder die Träger oder die Seitenteile. Ich brauchte Beratung. Eine Expertin. Vielleicht ein trägerloses Modell oder einen tiefgeschnitten Wunderbody? Natürlich kam es anders, als ich der verkaufenden Dessous-Prinzessin das Kleid zeigte, das ich mitgebracht hatte. «Ah, was für ein wunderschönes Kleid, *magnifique*, so schwingend und leicht, probieren Sie am besten einen BH Ton in Ton, also *prune*.» – «Prune» heißt Pflaume. Als Kuchenbelag oder Kompott oder was auch immer, ok, aber ich hatte in meinem ganzen Leben definitiv noch nie darüber nachgedacht, einen pflaumenblauen BH zu kaufen. Ich wusste bis dahin gar nicht, dass so etwas existierte. «Es macht nichts, wenn man ab und zu die lila Träger hervorblitzen sieht, das ist besser als schwarz oder beige und von durchsichtigen Plastikträgern, Madame, wollen wir bitte nicht sprechen. Drunter ist drüber, probieren Sie mal!» Etwas verdutzt ging ich mit verschiedenen lila Höschen («Le shorty, le string et la culotte taille basse») und drei lila BHs in eine große, vorteilhaft beleuchtete Kabine mit einem üppigen rosa Samtvorhang und begann mit der Anprobe. Ob es am Licht lag? Die Pflaumenkollektion sah schon drunter ziemlich spektakulär aus, denn sie bildete einen effektvollen Kontrast zu meiner hellen Haut und den dunklen Haaren. Ich nahm die ganze Palette und beschloss, noch mehr Drüber für *le shorty prune* und seine Freunde anzuschaffen.

Nun ist es so, dass ich seit dem Grundschulalter, als ich den Zauber von rosafarbenen Ballerinas und Bundfaltenjeans entdeckte, mich immer leidenschaftlich für Mode interessiert habe. Drüber habe ich alles Mögliche ausprobiert, Ballonröcke, Föhnfrisuren, Haremshosen, Kutschermäntel, aber beim Drunter blieb ich immer sehr nordeuropäisch-klassisch. Nicht gerade die britischen «Marks & Spencer»-Grannybuxen, aber einfaches Schwarz, Beige und Weiß von vertrauenswürdigen, am besten Schweizer Herstellern. Nach dem pflaumenblauen Ensemble war ich dem französischen «Drunter ist Drüber» aber derart verfallen, dass ich mich peu à peu weiter in die Pariser Welt der Dessous vorarbeitete. Was mich dabei am meisten faszinierte, waren die Verkäuferinnen. Sie waren so ganz anders als die Beraterinnen, die ich aus Deutschland gewohnt war mit ihren vernünftigen Unterhemden, wärmenden Schlupfhosen und triumphierend gut sitzenden Sport-BHs ... Ja, irgendwie hatte ich im Rückblick die Vorstellung, dass in Deutschland die meisten Verkäuferinnen wie Therapeutinnen aussahen, die sich manisch gewissenhaft um das Wohlbefinden der Wirbelsäule kümmerten. Die Pariserinnen hingegen verstanden das Modehandwerk und die Psychologie der Verführung. Sie kannten Materialien, Schnitte und Trends, aber vor allem zogen sie die Kundinnen mit unnachahmlich leichter Hand an. «Mix & Match»: die gesteppte blaue Pyjamajacke zum strengen Bleistiftrock, das schwarze Seidenunterhemd unter die durchsichtige beige Paillettenbluse – solche Fashion-Editor-Ideen sprudelten nur so aus ihnen heraus. Und so wie Blau das neue Schwarz sein kann, wurden für mich Dessous die neuen Schuhe. Ich streifte durch Boutiquen und Kaufhäuser, und es wurde zu meinem neuen Hobby, die Gespräche zwischen Kundinnen jeden Alters und den Verkäuferinnen zu belauschen, denn ich wollte lernen, warum das Verkaufen von Dessous hier so anders war.

Nach der kleinen Boutique der «PRINCESSE tam·tam» wagte ich mich in die legendär gut sortierte Lingerie-Abteilung des Pariser Kaufhauses «Le Bon Marché», wo man vom weißen Yogaschlüpfer bis zur kompletten Dita-Von-Teese-Ausstattung alles bekommt. Ich hatte in einem Zeitschriftenartikel gelesen, dass es in den Umkleidekabinen eigens Telefone gibt, mit denen man seine Verkäuferin anrufen und bitten kann, einem doch lieber Größe 85 A in Champagner statt 85 B in Weiß zu bringen, also nicht halbnackt durch die halbe Etage schleichen muss. Das wollte ich natürlich sehen. Also fuhr ich mit meinem etwas widerstrebenden Mann an einem Samstag ans linke Seineufer, wir stiegen an der Haltestelle Sèvres-Babylone aus und gingen in die erste

Lingerie im
Le Bon Marché

Paradies für feine Wäsche, Luxuskabinen mit Telefon
24, rue de Sèvres
www.lebonmarche.com
Ⓜ *Sèvres-Babylone*

Etage des Nobelkaufhauses. Eine riesige Fläche mit Wäsche aus aller Herren Länder, von schlicht und praktisch bis im Alltag auch drunter definitiv untragbar. Da es die letzten Tage der *Soldes,* des Ausverkaufs, waren, hetzten Scharen von Schnäppchenjägerinnen aus drei Generationen durch die Gänge und wühlten sich durch Körbe voller Bikinis, auf Tabletts ausgelegten Strumpfhaltern und an Kleiderständern flatternden Negligés. Mein Mann fühlte sich zwischen all diesen Frauen im erregten Kaufmodus sichtlich unwohl, holte seine Zeitung, den «Figaro», aus seiner Manteltasche, setzte sich auf eine Bank vor den Umkleidekabinen, klappte die rosa Wirtschaftsseiten, die *pages saumon*, auf und begann zu lesen. Ich pirschte mich vorsichtig an meine Konkurrentinnen heran und begann zuerst noch etwas zurückhaltend all die schönen Kreationen zu bewundern: butterblumengelbe BHs mit glänzendem Satinfinish, schwarze Spitzenhöschen mit aufgestickten Klatschmohn-Motiven, Bodys mit raffiniert angebrachten Schlitzen, mandarinenfarbene Halbschalen-BHs, Hemden in Military-Camouflage und Tiger-Shorts. Vieles mit einem Nachlass um 70 Prozent. – Auf einmal sah ich ihn: zwischen einem Slip mit eingewebten Schmetterlings-Motiven und einem schwarzen, strassbesetzten Taillengürtel (Wer zieht denn so was an?) leuchtete ein rotes Satin-Bustier hervor, Ton in Ton mit roten Blüten-Darstellungen bestickt. Auf der Rückseite eine lange Reihe mit verdeckten Minihaken und einem aufwendig gearbeiteten Corsageteil. Ein roter Porsche in Stoff. Meine Größe. Ich hatte noch nie so etwas Exotisches probiert, geschweige denn besessen. Aber ich konnte mir zu gut vorstellen, wie schön diese Corsage unter – Drunter ist Drüber! – mein rotes Cocktailkleid mit seinem leichten Dekolleté passen würde, das ich gerne bei feineren Abendeinladungen trug. Mit diesem Prachtstück ging ich betont lässig, als würde ich jede Saison so etwas Exzentrisches kaufen, in Richtung Umkleidekabinen, wo mein Mann immer noch ausharrte. Rechts und links neben ihm warteten ergeben zahlreiche weitere Männer, die ebenfalls lasen oder an ihren Handys spielten. Schon war eine Verkäuferin zur Stelle, so um die 60, schwarzer Rock, weiße Bluse, Lesebrille an einer Goldkette um den Hals. «Madame, Sie möchten diese schöne Corsage probieren? Sehr gut, da haben Sie recht, ein echtes Luxusteil zu einem so interessanten Preis heute. Warten Sie, ich suche Ihnen eine freie Kabine», sagte sie, führte mich an der Herrenbank vorbei – und schon stand ich in einer der Kabinen. Prachtvoll und groß, schimmernder grauer Taftvorhang. Und tatsächlich, da war ein Telefon an der Wand. Aber bevor ich herausfinden konnte, wie ich in diesem Gewusel von Verkäuferinnen und Kundinnen meine Verkäuferin anrufen könnte, war meine Beraterin auch schon verschwunden und ich stand mit der roten Corsage allein da. Ich zog mein Kleid aus, ließ nur die schwarzen Ballerinas an, öffnete die Dutzend Häkchen und versuchte, den raffiniert gebauten Stofflappen um meinen Oberkörper zu wickeln. Nach etwas Hin und Her schaffte ich es sogar, die winzigen Haken einen nach dem anderen vorne statt hinten zu schließen. Eine echte Fummelarbeit. Dann atme ich tief ein, zog den Bauch pilatesmäßig nach innen und drehte das Ding einmal um 180 Grad, so dass die Ösen wieder hinten saßen. Woah! Ich steckte in einem knallroten Korsettpanzer, Dita-Von-Teese-Glamour aus dem Wühlkorb, mein Busen quoll provozierend über den oberen Rand des Stoffes wie bei Glenn Close als Marquise de Merteuil in dem Film *Gefährliche Liebschaften*. Ich drehte und wendete mich und dachte: Also, für einen öffentlichen Auftritt ist das nicht so ganz passend als Drüber. Aber toll sah es schon aus. Drunter. Ich wollte die Meinung meines Mannes hören, öffnete deshalb den Kabinenvorhang ein kleines bisschen, steckte meinen Kopf hinaus und zischte seinen Namen. Dabei achtete ich peinlich darauf, in meinem roten Merteuil-Outfit von den anderen Herren nicht gesehen zu werden. Mein Mann schaute erst nach dem zweiten Zischen von seiner Zeitung auf, stand auf ... aber da fuhr auch schon die Verkäuferin mit der Brillenkette dazwischen. Sehr bestimmt sagte sie: «Lassen Sie mal sehen, wie es aussieht!», und riss den Vorhang energisch halb zur Seite.

«Aber Madame! Sie haben Ihre schöne Corsage verkehrt herum angezogen! *Vous l'avez mis à l'envers!*», rief sie laut, sichtlich erschrocken und zugleich amüsiert, schüttelte indigniert den Kopf, fasste mir mit beiden Händen an Dekolleté und Rücken und zog den ganzen Apparillo um 180 Grad herum, so dass die Häkchen vorne waren. Dann drückte sie meinen Busen zurecht und drapierte ihn perfekt in den festen Unterbau der Corsage. «So Madame, verkehrt herum geht es auch, aber bei diesem Modell sollte man normalerweise nicht fast die Brustwarzen sehen», sagte sie und überprüfte auch das Ende unterhalb der Taille. «So sitzt es perfekt.» Mein Mann, der die ganze Zeit vor der Kabine mit dem halb offenen Vorhang gestanden hatte, hatte größte Mühe sein Lachen zu un-

terdrücken, und ich stellte mir vor, was wohl die anderen Herren gedacht hatten, als die Verkäuferin sich pariserisch laut mokierte, ich hätte das Ding falsch herum angezogen. Natürlich wollte ich dieses Traumstück unbedingt haben. Super Preis! Und drunter ist schließlich drüber! So zog ich mich wieder an, setzte meine Sonnenbrille auf und stolzierte mit hochrotem Kopf und um Contenance bemüht vorbei an der Reihe der Herren auf der Bank vor den Kabinen. Bildete ich mir das nur ein, oder sahen sie mich alle verstohlen grinsend an? Als ich den roten Corsagen-Porsche bezahlte, sah mich die Verkäuferin noch einmal streng an und gab mir den Rat: «Denken Sie daran, Madame, wenn Sie passende halterlose Strümpfe, *les stay-up*, dazu anziehen: keine Körpercreme vorher auf die Beine! Sonst hat das dünne Gummiband am Rand keinen Halt und die Strümpfe rutschen langsam auf die Knöchel». «Da hat Madame recht», mischte sich eine alte Dame ein, die hinter mir in der Schlange an der Kasse stand. «Nehmen Sie lieber parfümierten Körperpuder! Ich mache das immer so!»

Im Winter gingen meine Lingerie-Forschungen dann weiter. Ich war in den «Galeries Lafayette» unterwegs, um ein schönes, aber auch warmes Nachthemd zu kaufen – zwei Dinge, die sich eigentlich ausschließen. Entweder friert man in dekorativen Flatterkleidchen oder sieht wie in einen englischen Teekannenwärmer gesteckt aus. Doch bevor ich zu den Ständern mit wattierten Bettjäckchen, langen Seidenroben und Jersey-Zweiteilern kam, sah ich mich bei der französischen

Dessous-Abteilung Galeries Lafayette

Schickes von günstig bis teuer
40, Boulevard Haussmann
www.haussmann.
galerieslafayette.com
Ⓜ *Havre-Caumartin oder*
Chaussé d'Antin

Dessous-Marke «Aubade» um, wo lauter kleine schwarze Schachteln aufgebaut waren. Darauf stand: «Boîte à désir», Lustbox. Sie sahen aus wie feine Schokoladeschachteln und ich fragte mich, was wohl darin sein mochte. Geisha-Kugeln? Sex-Toys wie Handschellen, Masken und Peitschen gab es nebenan bei der Konkurrenz im «Printemps», bei den slawisch streng aussehenden, in rosa Kittel gekleideten Verkäuferinnen am Stand der britischen Dessousmarke «Agent Provocateur». Aber bei bodenständigen französischen Hausfrauenmarken hatte ich das noch nie gesehen. So näherte ich mich dem Tresen, hinter dem eine kleine, hochschwangere Verkäuferin stand. Schwarze Jeans, schwarzes T-Shirt, dicke randlose Brille, feldmausfarbenes dünnes Haar. Unscheinbar bis auf eine riesige Nase und stark hervortretende blaue Augen. Das, was man auf Französisch *jolie laide*, eine Hübsch-Hässliche nennt. «Bonjour Madame», sagte ich, «was ist denn in Ihren Pappschachteln hier?» Die Verkäuferin grüßte freundlich zurück. «Madame, das sind unsere neuen Entwicklungen, Dessous zum Spielen. Warten Sie, ich zeige es Ihnen.» Die *jolie laide* holte einige Boxen, öffnete sie und legte sorgfältig eine Auswahl des Inhalts auf die Glasplatte zwischen uns aus. «Sehen Sie hier, ein offenes Höschen, *culotte ouverte*, mit Knöpfchen an der Unterseite, dann ein BH, bei dem man, *hop*, diesen durchsichtigen Faltenvorhang über dem Busen hochheben kann, *et voilà,* das passende geschlitzte Höschen mit seitlichen Bändern, die Monsieur öffnen kann.» Während des Vortrags starrte ich abwechselnd fasziniert auf diese ungewöhnlichen Höschen in schwarz und rot und dann wieder auf ihren höchst schwangeren Bauch und ihre dicke Brille. Aber sie dozierte schon mit Begeisterung weiter: «Besonders beliebt ist dieses BH-Modell, dessen Stoff über dem Busen mit Magneten befestigt oder geöffnet wird, so dass man einen theatralischen Moment hat, ohne dafür viel tun zu müssen. Und hier unser Bestseller: das Höschen-Modell mit den kleinen fluoreszierenden Knöpfen vom Po bis zum Nabel, die im Dunkeln leuchten.» Ich muss ungläubig ausgesehen haben, denn sie sagte: «Hier ist leider zu viel Licht und ich kann es Ihnen nicht zeigen, aber glauben Sie mir, ich habe es im Dunkeln ausprobiert, die kleinen Knöpfe leuchten *fluo* wie in der Disco und zeigen Monsieur den Weg zum Paradies.» Ich musste mir ein Lachen verkneifen, als ich mir vorstellte, mit einer Leuchtknopf-Unterhose im stockfinsteren Schlafzimmer zu liegen, einem Glühwürmchen gleich. «Dann haben wir noch eine Box mit schwarzen Spitzenhandschuhen mit Bändern zum Fesseln und der passenden Maske oder auch *amour piégé*, gefangene Liebe, mit Bondage-Stoffstreifen über dem sonst offenen Popo», sagte sie. «Möchten Sie etwas probieren oder nehmen Sie einfach Ihre Größe so mit?» Ich war derart verwirrt, dass ich schließlich bei ihr gar nichts mitnahm und auch kein Nachthemd mehr suchte.

Fortan beschäftigte mich die Seriosität, Fantasie und Selbstverständlichkeit, mit der in Paris vollkommen bodenständige Frauen Lingerie verkauften, die so gar nicht nach Porno aussah und doch höchst erotisch wirkte, dass ich beschloss, für ein deutsches Magazin die Grande Dame der Pariser Dessous-Szene zu interviewen, Poupie Cadolle. Familienunternehmerin in fünfter Generation. Denn «Cadolle» schneidert seit dem Jahr 1889 den elegantesten Damen der Welt das Drunter auf den Leib. Die Vorfahrin der heutigen Chefin, Herminie Cadolle, erfand Ende des 19. Jahrhunderts den Vorläufer des heutigen BHs: Sie schnitt das traditionelle Korsett in zwei Teile, um den Kundinnen mehr Bewegungsfreiheit zu geben. Poupie Cadolle wirkte auf mich wie eine elegante, weltgewandte Lehrerin, nicht wie eine simple Schneiderin. Ihren ersten Satz werde ich nie vergessen: «Mein Job ist es, den Busen zu halten», sagte sie mir, als ich sie in ihrem Loft in der Rue St. Honoré besuchte und sie mir Showroom, Boutique und Ateliers zeigte. «Glamour und Bequemlichkeit zugleich finden Sie bei Konfektionsware selten, wir können das.» «Cadolle» ist eines der wenigen Maßateliers für Unterwäsche, in dem man sich ein veritables Arsenal an weiblichen Waffen anfertigen lassen kann: BHs, Spitzenhöschen, Strumpfhalter, Bustiers und vor allem Corsagen. Aus Seide, Spitze, Brokat und rasiertem Kaninchenfell, handgenäht und liebevoll angepasst. Wer sich einen BH nach Maß anfertigen lassen möchte, muss mit sechs Wochen Wartezeit rechnen. Erst werden Design und Stoff ausgewählt, die Maße genommen, schließlich das Schnittmuster angefertigt. Nach zwei Anproben sitzt die Wäsche perfekt. «Cadolle» färbt auch Nachthemden passend zur Farbe des Schlafzimmers ein und besetzt Negligés mit Federn und Strass. Dieser zarte Luxus hat seinen Preis: Eine maßgefertigte Corsage kostet etwa 1200 Euro, ein BH rund 550 Euro. Die edlen Stücke hal-

Alice Cadolle
Filmstar-Dessous nach Maß, Elegantes von der Stange
255, rue St. Honoré
(Maßatelier)
4, rue Cambon
(Ready-to-wear)
www.cadolle.com
Ⓜ *Madeleine oder Concorde*

Chantal Thomass
Perfekt sitzende Boudoir-Dessous, sexy Strümpfe
211, rue St. Honoré
www.chantalthomass.fr
Ⓜ *Pyramides oder Palais Royal – Musée du Louvre*

ten bei guter Pflege und Handwäsche jahrelang. «Viele Kleider für 1000 Euro werden durch schlecht sitzende Wäsche aus dem Supermarkt entwertet», sagte Poupie, die unter einem roten Kleid einen roten Maß-BH trug. Für Frauen, die nicht das Budget für maßgeschneiderte Dessous haben, bietet «Cadolle» günstigere Wäsche von der Stange. Diese Kollektion wird von Poupies Tochter Patricia entworfen und vermarktet. Poupie erzählte mir, wer sich in den Kabinen bei «Cadolle» so alles auszieht: Damen des brasilianischen Jet Set («Keine Cellulite, manche mit operierten Popos ...»), Geschäftsfrauen («Wenig Zeit für Sport ...»), modeverrückte Studentinnen («Die tragen Samtcorsagen zu Jeans!») und Filmstars. Schauspielerinnen kommen häufig zu «Cadolle», um sich drei Wochen nach einer Geburt mit einer Corsage für die Bühne eine Traumfigur modellieren zu lassen. «Ich kann Ihnen alles auf den Leib schneidern, eine flache 20er-Jahre-Figur, eine 50er-Sanduhr-Silhouette oder ein 80er-Jahre-Dekolleté», sagte Poupie ganz sachlich. Madame Cadolle verkauft an deutsche Kundinnen übrigens besonders viele Corsagen. «Die sind in einer Tradition mit Dirndl aufgewachsen und kennen die Vorzüge einer Balkon-Brust mit Schnüren. Viele Männer sind ganz verrückt danach und schicken ihre Frauen immer wieder zu mir, um neue Modelle anfertigen zu lassen.» – Am Anfang meiner Pariser Dessous-Erforschungen hatte ich mit allem gerechnet, nur nicht damit, dass die deutsch-französische Achse auf dem Gebiet der gut geschnürten Dekolletés am besten funktioniert.

Dem Tod ein Schnippchen schlagen. Erst mit einem Baby ist man wer

Ein Baby in Paris zu erwarten ist der reinste Genuss. Weil Mutter-Sein hier sexy ist. Nie habe ich mich so umsorgt – ja verehrt! – gefühlt wie in den neun Monaten, in denen unsere Tochter ihrem Leben in Frankreich entgegenwuchs. Kein Wunder, dass die französische Geburtenrate weit über der deutschen liegt. Aber hinter diesen Zahlen stehen auch zwei unterschiedliche Lebensarten, disparate Gefühle, was Elternschaft angeht. In Frankreich sind werdende Mütter Stars. In Deutschland bemitleidenswerte Geschöpfe, die ihre Karriere gefährden. Geben sie ihre Kinder dann in fremde Hände, gelten sie als Rabenmütter. Bleiben sie zuhause, sind sie dumme Hausmütterchen mit sicherer Aussicht auf Altersarmut. Meine deutsche Freundin, die in Hamburg zur gleichen Zeit wie ich mit einem dicken Bauch herumlief, fühlte sich «wie eine Aussätzige», klagte sie am Telefon. Sie hatte Angst um ihren Job, ihre Beziehung, ihren jährlichen Traumurlaub und die Finanzierung des Traumhauses.

Ich fühlte mich wie eine Göttin und machte mir keine Zukunftssorgen, außer was die Wahl des richtigen Namens für das Baby anging: Antoinette, Pandora, Olympia? Auch unsere Freundin Clotilde, die ihre Kinder in Deutschland zur Welt gebracht hatte, freute sich riesig, dass wir unser Baby in Paris bekommen würden. «Du weißt, ich liebe euer Land, aber Kinder haben hier einen ganz anderen Stellenwert! Bei euch sind sie etwas fast Sakrales, für das sich die Mütter opfern und deswegen auch leidend herumlaufen. Bei uns sind sie einfach ein Teil unseres Lebens und wir arrangieren uns mit der Situation und leben unser bisheriges Leben, soweit das eben geht, ohne schlechtes Gewissen weiter.» Sie war nie darüber hinweggekommen, dass es in einem deutschen Reiseführer die drei folgenden Kategorien gegeben hatte: Hotels, die Kinder a) gar nicht aufnehmen, b) tolerieren oder c) gerne empfangen. «Schlimmer als mit Hunden», meinte sie.

Auch die Bewohner unseres Hauses waren ganz entzückt. «Endlich wieder ein *bébé* im Haus», freute sich Sabine und schleppte schon zehn Minuten später einen schweren Koffer mit der schönsten Babywäsche ihrer vier Kinder an, die ich nach Herzenslust durchwühlen konnte. Jean machte mir täglich Komplimente über mein gutes Aussehen, wenn ich ihn im Treppenhaus beim Postholen traf und sagte: «Ich finde, schwangere Frauen sind so wunderschön! Diese Rundungen und diese strahlende Haut! Ich hoffe ja immer noch, dass Sabine zu einer Nummer fünf bereit ist! Wir haben noch einen freien Platz im Auto.» Endlich wurden auch wir Mitglied im Eltern-Club von Paris, in dem man ohne Kinder kein vollständiger Mensch ist. Bei jedem Abendessen wurden wir nicht etwa gefragt: «Haben Sie Kinder?», sondern:

«Wie viele Kinder haben Sie?» Alle hatten mindestens drei. Oder vier. Wir hatten als einziges Paar überhaupt kein Kind vorzuweisen und galten als echte Exoten, denen Tipps und Adressen von Adoptionsagenturen gegeben wurden. Antoinette bat sogar in einem vertrauten Gespräch in meinem Roten Salon einmal an, für unsere Fruchtbarkeit zu beten. Karriereargumente für Kinderlosigkeit gelten nicht. Wir sahen Tag für Tag, wie man den Alltag mit Hilfe von Kinderfrauen und Ganztagsschulen organisiert. Dass man Babys ganz selbstverständlich in die staatlichen Museen mitnimmt und nirgendwo Schlangestehen muss, sondern den Sonderstatus einer «prioritaire» genießt. Wir sahen, dass unsere Freunde mit drei, vier Kindern mit dem Zug nach Rom in eine Jugendherberge fuhren, sie in Afrika in einen Geländewagen setzten und ohne schlechtes Gewissen im «Club Med» in die Ganztagsbetreuung steckten, um selbst auch Ferien zu haben. Wir sahen ihr dichtes Netz aus Babysittern, älteren Geschwistern und jobbenden Studenten, die auf die Kleinen aufpassten, während die Eltern sich abends bei Diners amüsierten.

Die Unbeschwertheit, mit der wir unser Kind erwarteten, hatte sicher auch damit zu tun, dass ein Baby hier nicht nur im Familien- und Freundeskreis begeistert erwartet wird, sondern viel mehr als in Deutschland die Allgemeinheit angeht. Die Marktleute schenkten mir Blumen und Orangen («Sie müssen viele Vitamine zu sich nehmen, Madame!»), und jeder, wirklich jeder, den ich auch nur einmal gegrüßt hatte, fragte freudestrahlend: «Wann kommt denn *le bébé*?» Der Käsemann gab mir bei jedem Einkauf ein Stück Emmentaler als Wegzehrung in die Hand und wollte es immer genau wissen: «Waren Sie schon beim Ultraschall? ... Wie werden Sie es nennen?» Ich gab fortan den lieben langen Tag nur Auskünfte über das Baby, das man auf den Bildern schon am Daumen lutschen sah. Diese Reaktionen schienen mir der beste Beweis: Ein Baby ist etwas ganz Großartiges! Ich weiß nicht, ob ich in Deutschland nicht doch Hemmungen gehabt hätte, mich in den ersten Wochen regelmäßig vor einem «Real» zu übergeben. In St. Germain gehörte ich als Serienspuckerin bald zum gewohnten Bild. Denn jeden zweiten Tag, wenn ich den «Monoprix» ansteuerte, um neue Rationen an Thunfisch, Mayonnaise und Ananas zu kaufen, spuckte ich erst einmal neben den Fahrradständern in den Rinnstein. Der Clochard, der dort seinen Stammplatz auf einer Bank hatte, sagte dann stets mit erfahrener Miene: «Wann kommt das Kind denn? ... Hat das nicht bald mal ein Ende?»

Es dauerte nicht lange, da wurde der Laden mit der raffinierten Schwangerschaftsmode, der mit dem Slogan «*9 mois de votre vie* – 9 Monate Ihres Lebens» wirbt, mein neues Modezentrum, und ich kaufte dort für Silvester ein hellgraues Paillettenkleid mit einem Strassgürtel mitten um den Bauch, in dem ich aussah wie eine glamouröse Wurst. Dieses selbstbewusste In-Szene-Setzen des freudigen Ereignisses, zu dem uns jeder Kellner und jeder Bekannte beglückwünschte, war mehr als eine Modelaune der Stylisten. Unser *bébé* war Gegenstand allgemeinen Interesses.

Balloon
Schicke Basics und Ponchos für Schwangere
43, rue Caumartin
www.balloon-paris.fr
Ⓜ *Havre-Caumartin*

1 et 1 font 3
Coole City-Outfits für Schwangere, Still-Kleider
3, rue de Solféino
www.1et1font3.com
Ⓜ *Solférino*

Jeder tat während dieser neun Monate das Seine. Mein Gynäkologe, ein in Ehren ergrauter Südfranzose mit einer unbekümmert ausgelebten Vorliebe für gepunktete Fliegen, überwachte nicht nur die Gesundheit des Babys, sondern philosophierte auch mit mir über den Sinn des Kinderkriegens: «Warum, meinen Sie, bekommen Frauen so gerne Kinder? Weil sie dem Tod ein Schnippchen schlagen wollen!» Er gab mir auch die entscheidenden Schönheitstipps. So jovial, wie man nur nach 30 Jahren Geburtshilfe an einem öffentlichen Krankenhaus sein kann, erklärte er mir genau, was ich gegen Schwangerschaftsstreifen zu tun hätte. Mit dramatischer Geste tat er so, als veriebe er Öl in den Handflächen und begann sich imaginär zu massieren: «Da, sehen Sie, Madame, jeden Morgen reiben Sie Süßmandelöl auf die Hüften, da auf den Busen, da auf dem Bauch, und alles gut einmassieren.» Ich starb fast vor Lachen, als ich zusehen musste, wie dieser Mann im weißen Kittel und mit einer gelben Fliege sich genüsslich Brust, Hüften und den Kugelbauch einrieb. Aber er spaßte ganz und gar nicht und war ein strenger Kontrolleur an der altmodischen Waage, auf die ich jeden Monat steigen musste. Er achtete wie die Chefaufpasserin der «Miss World»-Schule auf mein Gewicht und warnte: «Essen Sie ja keine deutschen Torten! Finger weg von den Weihnachtskeksen! Ich will hinterher keine Klagen über überflüssige Pfunde hören, die Sie nicht wieder wegbekommen!» Trotz seiner Zurechtweisungen, wenn ich pro Monat zwei statt einem Kilo zugenommen hatte, fühlte ich mich zum Schluss wie eine dieser italieni-

> Emoi Emoi
> *Website. Lässiger Alltags-Rock-Style, Pariser Ringelhemden für Schwangere*
> *www.emoi-emoi.com*

schen Renaissance-Madonnen, die im Louvre hängen. Unwiderstehlich schön. Ich war schließlich dabei, dem Tod ein Schnippchen zu schlagen.

Doch eine Klinik zu finden, in der ich meinem Mann eine Erbin schenken würde, stellte sich als echter Alptraum heraus, denn die französischen Hospitäler entsprachen meinen Vorstellungen von kuschelig-alternativer Geburtsatmosphäre ganz und gar nicht. 80 Prozent aller Mütter lassen sich in Paris die berühmte Rückenmarkspritze gegen die Schmerzen geben, eine Praxis, die in Deutschland zwar möglich, aber von vielen Müttern immer noch skeptisch betrachtet wird, da eine Geburt ja «bio» ist – und mit einer guten Atemtechnik sollte man das doch schaffen. Außerdem brauchte ich einen zweiten Arzt, da mein Fachmann in seinem fortgeschrittenen Alter keine Belegbetten mehr im Krankenhaus hatte. Nachdem ich schließlich die gesamte deutsche Literatur zum Thema Babys durchgearbeitet hatte, ließ ich mir voller Optimismus einen Termin im größten öffentlichen Krankenhaus der Umgebung geben. Nach drei Stunden Warten empfing mich der diensthabende Arzt. Ich checkte mit ihm die wichtigsten Empfehlungen der Weltgesundheitsorganisation ab, die in meinem deutschen Mütter-Buch standen. Das Ergebnis war niederschmetternd. In Frankreich machen sie es anders als überall auf der Welt und ganz anders als in Deutschland, wo Geburts-Badewannen, massierende Ehemänner und Akupunktur statt Betäubung der Standard sind. Ich war geschockt. Doch der Arzt fand sein System einfach wunderbar, und er wirkte nicht so, als hielte er das Gespräch für ergebnisoffen.

«Es ist ganz einfach, Madame, Sie müssen keine Angst haben!», versuchte er, mich zu beruhigen. «Sie haben Wehen! Sind die Wehen nicht zufriedenstellend – kein Problem! Dann geben wir Ihnen wehenauslösende Mittel! *Toc!*» Er haute mir eine imaginäre Nadel in den Arm. Ich zuckte unwillkürlich zurück.

«Dann bekommen Sie die Epiduralanästhesie in den Rücken! *Toc!* Die Revolution in der Geburtshilfe! *La péridurale! Génial!* Keine Schmerzen, keine Schreie, das ist prima für Sie und für uns», erklärte er strahlend. Ich schauderte und erklärte, ich wolle gar keine Betäubung haben, mich keinem «Speed»-Tempo unterwerfen, alles entspannt auf mich zukommen lassen und mich mit der Naturerfahrung der Geburt in die Jahrtausende währende Linie aller Frauen der Welt stellen. Der Arzt sah mich an, als hätte ich nicht alle Tassen im Schrank.

«Aber Madame!», sagte er. «Wissen Sie, was Sie für eine Chance haben! Die Epiduralanästhesie ist unsere ‹Concorde›! Unsere Sicherheit! Unser Fortschritt! Wollen Sie zu Fuß gehen, statt mit der ‹Concorde› zu fliegen, ist das Ihr Ernst? Sie haben keine Schmerzen, und wir können im Notfall schnell operieren», sagte er entgeistert. Das war für mich kein Argument.

«Aber Sie müssen doch gar nicht operieren, wenn alles normal läuft, und haben Sie nicht als einziges Krankenhaus der Umgebung eine Geburtsbadewanne, in der ich mich entspannen kann?», wandte ich ein.

«Die Badewanne, von der Sie gehört haben, benutzen wir nicht, da gibt es keine Nachfrage», meinte der Arzt triumphierend, als er mein störrisches, ‹Concorde›-skeptisches Gesicht sah.

«Also, machen wir weiter, Madame», fuhr er fort. «Die Geburt geht voran. Sie sind betäubt. Zwischendurch bekommen Sie Nährlösungen per Infusion. *Toc!*», sagte er.

«Kann ich mich denn wenigstens frei bewegen, wenn ich will?», fragte ich ihn, mich an meine WHO-Checkliste erinnernd.

«Wie wollen Sie laufen, wenn Ihre Beine betäubt sind?», konterte er listig.

«Aber wenn ich die Betäubung nicht oder erst später will?» So schnell wollte ich nicht aufgeben, die Geburt meines Kindes zu planen, wie ich das wollte.

«Wir machen das hier mit der *Péridurale, génial*!», sagte er wieder. So etwas Albernes wie diesen Arzt hatte ich ja noch nie gesehen!

«Und wenn ich während der Geburt eine andere Position einnehmen will?», fragte ich weiter.

«Wie meinen Sie das? Auf allen Vieren in einer Ecke?», meinte er spöttisch.

«Genau, auf allen Vieren in einer Ecke!», sagte ich bestimmt, obwohl ich keine Ahnung von der ganzen Sache hatte.

«Auf keinen Fall, da kommen wir Ärzte oder die Hebamme gar nicht an das Kind!», wiegelte der Arzt ab.

Was er wohl gesagt hätte, wenn ich ihm erzählt hätte, dass es in Deutschland Geburtshäuser gibt, in denen man die Plazenta in einer Tupperdose eingepackt bekommt, damit man sie zuhause unter den Rhododendren eingraben kann?

Diese Begegnung bestärkte mich darin, weiter nach dem perfekten Ort zu suchen, an dem meine Prinzessin das Licht der Welt erblicken sollte, und so probierte ich es bei anderen Kliniken. Unzählige Nachmittage schlich ich in den Stationen rum, verhörte alle Pflegerinnen, die ich zu fassen kriegte, sah mir durch die Fenster die Kinderschwestern an, wie sie mit den Babys umgingen. Sabine zeigte mir die Privatklinik unseres Viertels, in der viele Nachbarinnen entbunden hatten. Sie lag zwar nur fünf Minuten von unserem Haus entfernt, war aber wie eine alte Jugendherberge ausgestattet und besaß lediglich eine einzige Dusche für den ganzen Flur. Ich überlegte mir, wie ich morgens zum Haarewaschen anstehen würde, noch blutend und schwach, mit zehn anderen Frauen, auch blutend und schwach. Außerdem gab es keine Kinderstation, und bei Komplikationen hätte ich mich vom Kind trennen müssen. Die anderen öffentlichen Krankenhäuser der Region hatten zwar medizinisch einen guten Ruf, waren aber dafür bekannt, Entbindungen wie am Fließband zu machen. «Es war wahnsinnig laut, ich musste mir eine Dusche und Toilette mit 15 anderen teilen – und mein Zimmer wurde nicht geputzt, weil die Putzfrauen streiken!», erzählte mir eine Bekannte, die es in einem solchen öffentlichen Etablissement probiert hatte. «Nach wenigen Tagen haben sie mich rausgeschmissen, weil sie die Betten ständig brauchen, und ich konnte sehen, wo ich blieb.» Also auch nichts.

Als dann auch noch die Hebammen der Krankenhäuser wochenlang streikten, wurde mir richtig mulmig. Es war dann unsere Freundin und Ärztin Sabine, die die perfekte Lösung fand. So kamen wir auf das «American Hospital of Paris» im Westen von Paris, das einen exzellenten Ruf genießt. Viele ausländische Politiker werden dort behandelt, doch das erfuhr ich erst später von französischen Freunden, die diese Adresse snobby fanden. Zu snobby. Ich wusste nur, dass Gertrude Stein dort gestorben war, und das machte mir das Haus schon mal sympathisch, auch wenn ich das Gegenteil von Sterben vorhatte. Sabine empfahl mir dort einen jungen Arzt, der ihre Nichten auf die Welt gebracht hatte. «Alle schwierigen Ladys von Paris gehen zu ihm, Stefanie! Der wird auch auf deine komischen Vorstellungen eingehen!»

Und tatsächlich, Dr. Fibi befreite mich von meinen Ängsten und war bereit, es auf die deutsche Art zu versuchen. Er war ein Künstlertyp mit halblangen Locken und erinnerte mich mit seinem jungenhaften Lächeln an meinen Lieblingsschwager. Er hörte sich meine Wünsche geduldig an (das mit der Plazenta in der Tupperdose mutete ich ihm aber nicht zu) und meinte: «Wenn Sie keine Betäubung wollen, dann gut. Wenn Sie eine extra Hebamme wollen, mit der sie Atemübungen machen können, gut. Sie können die Vorbereitung mit ihr auch in unserem Schwimmbad machen. Kein Problem.» Mit ihm war alles kein Problem.

Ab diesem Moment begann ich, mich frohen Mutes, in den Babyabteilungen umzusehen. Ich hatte als Kind nie mit Puppen gespielt. Aber nun begann ich, in Kaufhäusern wie «Monoprix» bis zu Luxusboutiquen wie «Baby Dior» alle Kinderkollektionen zu durchwühlen. Es war wie die Entdeckung eines fremden Sterns. Am besten gefielen mir die Minibügel, auf denen die winzigen Kleidchen hingen. Ich schlug mei-

Jacadi
*Schickste Baby-Ausstattung,
tolle Kinderkleider
Mehrere Geschäfte, u.a.
17, rue Tronchet
www.jacadi.fr
Ⓜ Madeleine*

nem Mann vor, doch bei meinem Freund Ahmed, der in der Handwerkerabteilung des «BHV» unseren Himmelbett-Bogen entworfen hatte, einen fahrbaren Kleiderständer in Miniausführung entwerfen zu lassen. Für die Minibügel mit den Minikleidchen und passenden Minipumphosen dazu. Aber irgendwie fand er die Idee nicht so wichtig. Er nannte sie «Nice to have, kein Must-have». Das war seine übliche, höfliche Controlling-Manager-Floskel für: «Du hast einen an der Waffel.»

> Bonpoint
>
> *Kinderkleidung wie aus dem Bilderbuch, klassische Möbel, edle Babykosmetik*
> Mehrere Shops, u.a.
> *17, rue de Sèvres*
> *www.bonpoint.com*
> Ⓜ *Sèvres-Babylone*

Zwei Monate später saß ich mit Clotilde in ihrer Wohnung, die Füße bequem auf einen Hocker gelagert und trank dünnen Tee, um das Baby nicht aufzuregen. Ich hatte den letzten Einkauf für mich erledigt, gelben Gesichtspuder, ein Tipp für «den Tag danach» in meinem Schwangeren-Magazin, damit die Fotos von Mutter mit Kind auch glamourös genug würden. Seit einigen Tagen spürte ich leichte Kontraktionen. Doch Dr. Fibi, den ich tags zuvor aufgesucht hatte, meinte, da sei noch gar nichts im Gange. So hatte ich Clotildes Einladung gerne angenommen, mit ihr zu plaudern und die Warterei auf das Baby zu verkürzen. Doch während Clotilde mir gerade die dramatische Geschichte erzählte, wie ihre Tochter in Deutschland zur Welt gekommen war, wurde mir plötzlich ganz anders, und Clotilde nahm meine Hand. «Was hast du?», fragte sie.

Ich spürte, wie die Fruchtblase platzte. Ich hatte mir das vorher nicht vorstellen können, aber nun wusste ich es. Ich stand vorsichtig auf, Clotilde lachte und rief auf deutsch: «Oh! Der Baby kommt, der Baby kommt!» Clotilde rief ein Taxi und fuhr mit mir ins «American Hospital». Unterwegs rief sie meinen Mann im Büro an und beorderte ihn mit meiner Tasche zu uns, nur für den Fall, dass seine Tochter nun eventuell drei Wochen zu früh auf die Welt kommen wollte. «Stell dir vor, der Baby kommt!»

Es war gut, dass sie da war, denn mein Mann steckte zwei Stunden auf der Stadtautobahn im Stau, während ich längst im rosa Vorbereitungssaal lag. Die Wände hatten dieses spezielle französische Klopapier-Rosa, und ich fragte mich während der Kontraktionen ständig, warum diese Wände so rosa waren. Mir machte die Situation ohne meinen Mann weniger Angst als ihm, denn er, erzählte er mir später, starb fast bei dem Gedanken, er würde die Ankunft seiner kleinen Pariserin wegen eines verdammten Staus verpassen. Immer, wenn er wieder 100 Meter weiter vorgerückt war, rief er mit dem Handy Clotilde an, die brav mit mir atmete, zwischen den Wehen lustige Geschichten aus ihrem Leben erzählte und die Hebamme mit einem freundlichen Lächeln abwies, die mir alle Viertelstunde die Rückenmarksspritze anbot. Als Clotilde gerade bei der Geschichte über die Renovierung ihres Badezimmers angekommen war und zum Besten gab, wie der örtliche Bestattungsunternehmer die Marmorverkleidung vor ihrer Badewanne rausgeklopft hatte: «Stell dir vor, nur noch die Bestatter sind heutzutage fähig, mit Marmor umzugehen, die anderen Steinmetze können das nicht mehr!», tauchte mein Mann mit einem sterilen grünen Plastikkäppi über seinen Locken auf. Und dann kam Dr. Fibi. Danach verschwimmt meine Erinnerung.

Irgendwann hatte ich keine Lust mehr auf diese elenden Schmerzen, Jahrtausende lange weibliche Erfahrung hin oder her, und ich erinnerte mich an die Anästhesie, die Rückenspritze, die *Péridurale*. Der Anästhesist kam sofort, piekste mich in den Rücken, und eine Viertelstunde später war ich fast schmerzfrei. «*Péridurale*, einfach genial!», dachte ich, und bald rief meine Mannschaft aus Ärzten und Schwestern auch schon: «*Allez-y!* Los, Madame, pressen Sie», feuert mich Dr. Fibi an. Ich fühlte mich wie im Fußballstadion.

«Bravo, Madame! *Allez-y!*», schrie die Hebamme nach einer guten Presswehe. «*Allez-y!*» rief auch der Kinderarzt. «*Allez-y, Madame,* Sie schaffen das», schrie der Anästhesist und hielt meine Hand ganz fest.

Und schon war es vorbei. «Was für ein schönes Mädchen!», sagte Dr. Fibi und legte mir strahlend ein winziges Baby in den Arm. Ich sah nur ihre erstaunten, riesigen blauen Augen und ihren offenen Mund. Dann küsste mich Dr. Fibi auf die Wange. Auch der Anästhesist küsste mich. Mein Mann küsste mich. Ich küsste das Baby.

Dann frühstückten wir. Croissants und Milchkaffee. Orangensaft und Champagner. Und riefen unsere Familien an, um ihnen mitzuteilen, dass die kleine Pariserin schon da war. An die Zeit nach der Geburt ist mir nur eine verschwommene Erinnerung geblieben. Unfassbare Müdigkeit, riesige Rosensträuße, Berge aus allerliebst verpackten Geschenken, die der Postbote in die Wohnung schleppte, ältere Damen, die das brüllende Kind ansehen wollten und ihm französische Wiegenlieder vorsangen (was das Baby anscheinend noch mehr aufbrachte). Ganz normales Babychaos eben. Sabine, Louise und Antoinette brachten uns jeden Tag ein komplettes Menü in die Wohnung, damit wir nicht kochen mussten, bewunderten die Prinzessin stets von Neuem und massierten mir die Füße. Irgendwann waren alle neuen Babysachen in den Schrank gehängt, eine Kinderfrau organisiert, und wir schliefen mal wieder ein paar Nächte länger als zwei Stunden am Stück.

Dann kam das Nachspiel à la française. Ich ahnte schon nichts Gutes, als ich ein paar Wochen nach der Geburt meinem Arzt einen Besuch abstattete. «Sie sehen blendend aus und gehen wie eine Elfe!», sagte er und sah sich zehn Minuten lang interessiert die Babyfotos aus dem Krankenhaus an, auf denen ich – dem gelben Puder sei Dank! – wirklich wie ein Filmstar aussah. Oder fast. Dann stellte er mir ein Rezept für die Rückbildungsgymnastik aus. Stutzig machte mich das Wort «Vaginalsonde», aber ich dachte mir nichts weiter dabei, weil ich zurück zu unserer schreienden Tochter musste. Doch als ich endlich für zehn Sitzungen bei einem Krankengymnasten mit dem schönen Namen Monsieur Grand angemeldet war, erinnerte ich mich daran. Monsieur Grand machte seinem Namen alle Ehre, denn er war fast zwei Meter groß und so stämmig wie ein Metzgergeselle. Dazu ein flotter Schnauzbart, eine dröhnende Stimme, und er trug einen offenen weißen Kittel, aus dem ein paar Brusthaare lugten. Monsieur Grand nahm seine Aufgabe ernst. Zuerst zeigte er mir verschiedene Tafeln, auf denen die weib-

---

Christofle
Geburts- und Taufgeschenke aus Silber
9, rue Royale
www.christofle.com
Ⓜ *Madeleine oder Concorde*

Olivier de Sercey – Imprimeur Graveur
Traditionelle Familienanzeigen, Visitenkarten, Einladungen
96, rue du Bac
www.olivierdesercey.fr
Ⓜ *Rue du Bac*

liche Anatomie abgebildet war und erklärte genau, wie wir welche Muskeln wieder aufbauen würden. Und dann nahm er das Zauberwort in den Mund: Sonde. «Warten Sie einen Moment, Madame, ich hole nur die Sonde, und wir legen los!» Sonde? Ich dachte an die «Endeavour», die Weltraumsonde, die im All herumflog, und konnte mir keinen rechten Reim darauf machen. Monsieur Grand kam mit einem Kabel zurück, an dem ein Ding hing, das so aussah wie ein überdimensionaler Tampon. Ich muss ihn entsetzt angesehen haben, denn er sagte: «Ich werde die Sonde jetzt an den Strom anschließen, und das Gerät wird leichte Stromstöße in Ihren Körper schicken, was Ihre Muskeln sanft aufweckt!»

Ich wollte keine Sonde wo auch immer hingesteckt haben und dort dann Elektroschocks bekommen! Ich dachte, den schmerzhaften Teil bereits hinter mir zu haben. Aber das nun auch noch! Ich wollte mich anziehen und gehen und meine eingeschlafenen Muskeln für immer schlafen lassen. Oder, wie in Deutschland üblich, sanfte Gymnastik machen. Yoga für stillende Mamis oder so was. Doch Monsieur Grand muss mir das angesehen haben und warb weiter für sein Ding:

«Diese Sonde ist eine französische Erfindung, Madame! Eine französische Spezialität! Und mein Apparat ist der beste, den Sie haben können, in den USA perfektioniert! Das ist das Beste, was Sie für Ihre Zukunft machen können», sagte er begeistert und schwenkte das Riesending aus Metall vor meinem Gesicht herum. Je mehr er sich in seine Begeisterung steigerte, desto mulmiger wurde mir zumute. Aber schließlich gab ich doch nach.

Gott im Himmel, so sei es! Schließlich gewöhnte ich mich auch an diese französische Erfindung und an die akrobatischen Übungen, die Monsieur Grand mit mir machte. Kriegte ich eine Übung nicht gleich hin, lachte er, als hätte ich einen Scherz gemacht und sagte: «Ha-ha! *On s'amuse aujourd'hui* – wir amüsieren uns heute!», und ließ mich die Übung noch einmal machen. Ich hatte das sichere Gefühl, Hauptdarstellerin in einem schlechten Film zu sein. Nach dem dritten Mal nahm ich es mit Humor, und außerdem war er total nett zu unserer Tochter. Manchmal musste ich das Baby in diese Stunden mitnehmen, und meistens schrie es eine halbe Stunde wie am Spieß. Ich hatte nicht gewusst, dass so kleine Menschen so laut schreien können. Den ganzen Tag. Aber selbst das konnte Monsieur Grand nicht schocken, er gab ungerührt weiter seine Kommandos und schaukelte das hochrote Baby auf seinem Arm. Wenn auch ohne Erfolg. Sie schrie, ich hüpfte. Ich war fast traurig, als wir uns nach zehn Sitzungen trennten.

Im Nachhinein ist die Mischung aus französischer Kinderliebe, Hightech-Behandlung und dem unerschütterlichen Glauben an Betäubungsmittel wohl das Beste, was mir passieren konnte. Es ist diese pragmatische Lebenseinstellung, die vielen Müttern hier die Angst nimmt, mehrere Kinder zu bekommen. Selbst Frauen, die ihre Babys nicht stillen, werden als vollwertige Mütter akzeptiert – im Gegensatz zu anderen Ländern, wo Still-Verweigerung als quasi-kriminell eingestuft wird, und alle nur darauf warten, dass das Kind deshalb schreckliche Allergien entwickelt. Selbst mit einem schreienden Kind im Arm ist man hier ein Star.

Und man kann sicher sein, dass sich die Freundinnen ab dem Moment, in dem das Baby zum ersten Mal die Flasche bekommt, als Babysitter anbieten, damit die Eltern ihr Liebesleben wieder in Schwung bringen. Auch das galt zu unserem großen Erstaunen als halb-öffentliche Angelegenheit.

Denn wie schafft man es zwischen zwei Karrieren, Immobilienprojekten, vier Kindern im schulpflichtigen Alter, Klavier- und Tennisstunden, Besuchen von Freunden, Einladungen, Wohltätigkeitsvereinen nicht nur ab und zu ein paar Stunden zum Schlafen zu finden, sondern auch noch ein Liebesleben zu führen? «Man darf sich nur nicht daran gewöhnen, keine Liebe mehr zu machen», erklärte mir eines Abends Sabines Bruder bei einem Essen und sah mich ganz ernsthaft an. «*Faire l'amour* ist doch ein so primäres Bedürfnis wie Essen und Trinken!» Er musste es wissen, denn auch er ist Arzt, und er hatte ein sehr pragmatisches Rezept: «Ich empfehle meinen Patientinnen immer Folgendes, wenn sie ein Sex-Tief haben: Die Therapie der Wahl heißt *traitement d'attaque,* hochdosierte Anfangsmedikation, zwei- bis dreimal die Woche eine wilde Nacht während zwei Wochen, danach jede Woche mindestens einmal. Du glaubst gar nicht, wie schnell daraus eine Gewohnheit wird, die man nicht mehr missen mag!», erklärte er. «Sex ist so wichtig für das psychische Gleichgewicht und das Beste gegen Stress! Also *traitement d'attaque!* Soll ich dir auch gleich ein Rezept ausstellen?», sagte er und grinste mich an.

Modewahnsinn.
Die wahre Geschichte der Kelly Bag

Paris steht für Mode. Für Eleganz, die Kriege, Ölkrisen und den Feldzug der gepiercten Bäuche überdauert. Für Eleganz wiederum steht der Name «Hermès». Diese Luxusmarke ist ein Beispiel für die weltweite Faszination, die Pariser Mode immer noch ausstrahlt. Und ein gutes Beispiel für den Wahnsinn, der sich unter den Fashionvictims des 21. Jahrhunderts verbreitet. Natürlich gibt es auch «Chanel», «Louis Vuitton» oder «Dior» als Symbole für den eleganten französischen Stil. Doch das immer noch sehr klassische Haus «Hermès» hat sich trotz seiner globalen Strategie eine Sonderstellung bewahrt. Für Krawatten, Taschen, Pullover, Schuhe und Aschenbecher von «Hermès» geben Menschen rund um den Globus mehrere Milliarden Euro aus. Darunter sind Leute wie du und ich, die jahrelang auf ein Handtuch sparen. Aber auch Staatsoberhäupter, die, mit stattlichen Budgets dafür ausgestattet, schnell mal Gastgeschenke für die Frauen ihrer Kollegen ordern. Wie nur schafft «Hermès» es, solche Summen mit Produkten umzuset-

Hermès
Stammhaus, eine Sehenswürdigkeit, kaufen lieber Rive Gauche
24, rue du Faubourg St. Honoré
Ⓜ *Concorde*
17, rue de Sèvres
Ⓜ *Sèvres-Babylone*
www.hermes.com

Chanel
Die Stepptasche für ein ganzes Leben
31, rue Cambon
www.chanel.com
Ⓜ *Madeleine*

zen, die man wirklich nicht unbedingt zum Leben braucht?

Das im Jahr 1837 von einem deutschstämmigen Sattler gegründete Unternehmen ist heute ein ganz und gar modernes Label. Die Verkäufer sind jünger, der Empfang ist herzlicher, die Mode weniger steif geworden, seitdem der junge Designer Martin Margiela die Prêt-à-Porter-Linie des Hauses in den 1990er-Jahren übernommen hatte. Dann kamen Jean Paul Gaultier, darauf Christophe Lemaire, schließlich Nadège Vanhee-Cybulski als Designerin der Damenkollektion. Die Kleider sind elegante Schlichtheit in Vollendung. Minimalistisch, aber keine plissierten Getreidesäcke. Taschen und Schuhe weisen raffinierte Details auf, die jeder Insider sofort erkennt. Doch Stardesigner eine alte Marke auffrischen zu lassen, dieses Rezept haben auch Konkurrenten wie «Gucci», «Vuitton» und «Céline» erfolgreich angewandt, heute heißt das im Fashionsbusiness «To do a Gucci». Aber das hat «Hermès» nicht nötig.

Was macht diese Firma, um die sich Konkurrenten wie Bernard Arnault vom Luxuskonzern «LVHM» mit den Erben der Hermès-Familie an der Börse raufen, nur so erfolgreich? Überall auf der Welt entstehen prachtvollste Riesenbauten von Star-Architekten für den Konzern. Allein das japanische Headquarter aus Glas in Tokio kostete 160 Millionen Euro, Renzo Piano ließ das Haus aus 13000 Glassteinen errichten. Nichts symbolisiert deutlicher, dass aus der Sattler-Klitsche ein Welt-

Louis Vuitton

Ruhiger als der Riesenstore auf den Champs-Elysées
22, avenue Montaigne
www.louisvuitton.com
Ⓜ *Alma-Marceau*

Dior

Lady-Dior-Modelle in allen Variationen
25, rue Royale
www.dior.com
Ⓜ *Madeleine*

konzern mit über 300 Boutiquen geworden ist. Von dieser Gigantomanie spürt man im Pariser Stammhaus in der Rue du Faubourg St. Honoré nichts. Die altmodische Boutique ist, wie die großen Kaufhäuser der Stadt, eine Sehenswürdigkeit für sich. Viele unserer Freundinnen, die uns besuchten, mussten wir dorthin führen, da sie unbedingt im Stammhaus das Fetischobjekt in der orangen Pappschachtel kaufen wollten, mit dem man wirklich viel Spaß hat: das legendäre *Carré,* das Seidentuch von «Hermès». Man kann es durch die Gürtelschlaufen alter Jeans ziehen, an eine Handtasche vom Flohmarkt binden oder in der Normandie auf den Holzplanken eines Seebades um den Kopf geschlungen spazierenführen. Hochschwangere junge Frauen drapieren die knallbunten Tücher dekorativ um ihre Kugelbäuche und schenken so den schwarzen «H&M»-Umstandshosen ein wenig Glamour. Besorgte Großmütter schützen damit ihre neugeborenen Enkelkinder vor Luftzug. Außerdem ist ein solches «Carré Hermès» eine gute Geldanlage. Wohl den Frauen, die bereits eines der ersten Exemplare im Jahr 1937 gekauft haben. Im Jahr 1989 kostete ein Tuch umgerechnet 160 Euro. Heute kostet das Modell von 90 mal 90 Zentimeter 350 Euro. Außerdem gibt es einen Sammlermarkt für nur einmalig aufgelegte Tücher, die mit den Jahresthemen verziert sind oder die anlässlich von Jubiläen wie zum Beispiel der Französischen Revolution kreiert wurden. Auf Instagram und auf Blogs werden seltene Modelle vorgestellt, getauscht und verkauft.

Doch was erlebt man, wenn man im mythischen Stammhaus nicht nur ein Stück Seife kaufen will, sondern bereit ist, mehrere Monatsgehälter in eine handgemachte Ledertasche zu investieren? Bei «Hermès» schwankt das zwischen Wunsch- und Albtraum. Ich weiß das, denn ich habe es erlebt. Mein Mann wollte mir zur Geburt unserer Tochter etwas Besonderes schenken. Er war auf die berühmte *Kelly Bag* gekommen, die klassische Ledertasche mit der dekorativen Schließe, die Fürstin Gracia Patricia von Monaco alias Grace Kelly einige Jahrzehnte zuvor schützend vor ihren schwangeren Bauch gehalten hatte, um ihn vor den Paparazzi zu verstecken. Mein Mann hatte sich gemerkt, dass ich einmal gesagt hatte, diese Tasche vererbe eine Mutter ihrer Tochter wie ein Familienschmuckstück. Er war der Meinung, es sei doch eine «schöne Erinnerung, wenn das Geschenk aus der Geburtsstadt unserer Tochter kommt» und erkundigte sich einige Monate vor dem Geburtstermin heimlich, in welchen Farben und Größen es die Tasche gibt. Fuhr in einer Mittagspause in die Rue du Faubourg St. Honoré und konnte einer unfreundlichen Verkäuferin in der Taschenabteilung aus der Nase ziehen, dass es für *Kelly Bags* eine Warteliste von neun Monaten gab, auf die man sich setzen lassen könnte, wenn man «denn unbedingt eine solche Tasche kaufen will». Dann aber kam er nicht mehr weiter, da er nicht wusste, welche Farbe und Größe ich gerne hätte, und fragen konnte er vor der Geburt nicht, sollte es doch eine Überraschung sein. Als ich schließlich im Krankenhaus zum ersten Mal das schlafende Baby im Arm hielt, entschuldigte er sich, dass er jetzt keinen Brillantring in der Jackentasche hatte und kündigte an, wir zwei würden bald zusammen mein Geschenk aussuchen. Eben die von mir bewunderte Handtasche, die so schön und robust ist, dass man mit ihr sein Leben verbringen kann. «Außerdem musst du nicht traurig sein, dass unser Mädchen so winzig ist – du kannst sie ja dann in der Tasche spazieren tragen!», sagte er. Wenn das kein Grund für den Kauf einer *Kelly Bag* ist!

Als ich nach der Geburt wieder einigermaßen laufen konnte, parkten wir das Baby an einem regnerischen Samstag im Kinderwagen unter der Obhut unserer *chère amie* Clotilde in einem Café an der Madeleine. So hätte sie uns bei einem hysterischen Anfall unserer Tochter, notfalls per Handy bei «Hermès» erreichen können. Doch das Baby war das kleinere Problem. Gut gelaunt schlenderten wir durch die prachtvolle Rue du Faubourg St. Honoré – was für ein Luxus, einmal wieder als Liebhaber und Geliebte durch Paris zu gehen und Schaufenster anzusehen! Das Gefühl zu haben, in ein paar Monaten tatsächlich wieder in normale Kleider zu passen, zumindest theoretisch. Schon hielt mein Mann mir die Glastür von «Hermès» auf und führte mich in das Geschäft. Eine Verkäuferin, die in der Nähe der Haupttür stand, half uns fürsorglich, unseren nassen Regenschirm in eine durchsichtige Plastikhülle zu stecken, damit wir nicht den ganzen Laden volltropften.

In der Taschenabteilung sahen wir uns die ausgestellten Modelle an. Rucksäcke aus Nylon, Reisetaschen, Mikro-Kellys, in denen vielleicht ein Schlüsselbund Platz fände, bei bestem Willen aber kein Baby. Zwei Verkäuferinnen unterhielten sich mit wichtiger Miene, ohne sich durch uns irritieren zu lassen. Machte uns aber nichts,

---

Café Madeleine

Zum Leuteschauen bei Omelette und Rotwein auf der Terrasse
1, rue Tronchet
Ⓜ *Madeleine*

wir wollten ja erst mal ein bisschen schauen. Aber dann wollten wir kaufen. Hinter einem Tresen sah ich einen einsamen Verkäufer stehen, der in einem Katalog mit Ledermustern blätterte. Ich grüßte freundlich.

«Bonjour», sagte er gedämpft.

«Ich suche eine Handtasche, und zwar eine *Kelly Bag*.»

Der Verkäufer sah mich fast spöttisch an und sagte: «Die haben wir nicht.»

Wenn ich nicht gewusst hätte, dass es eine Warteliste gibt, hätte ich jetzt wahrscheinlich schon kehrtgemacht. Aber so bohrte ich weiter.

«Ich weiß, es gibt eine Warteliste. Ich würde mir gerne einmal die Lederarten ansehen».

«Zur Zeit gibt es nicht einmal eine Warteliste», sagte Monsieur einsilbig und blickte zur Seite.

Nun schaltete sich mein Mann ein.

«Ich habe mich vor einigen Monaten erkundigt, und man sagte mir, man könne eine Tasche bestellen», hielt er dem Verkäufer entgegen.

«Das ist richtig, aber unsere Liste ist voll», antwortete der Verkäufer.

«Wann nehmen Sie denn wieder Bestellungen entgegen?», fragte ich. Ich wollte wirklich so eine Tasche. Weil es die Idee meines Mannes war. Weil meine süße blauäugige Tochter da reinpasste. Weil ich keinen Brillantring wollte. Weil ich in Paris lebte. Weil ich die Geburt überlebt hatte. Weil ich eine Frau war. Und Frauen lieben nun mal Handtaschen!

«Eventuell wird es in drei Monaten wieder eine neue Liste geben, auf die Sie sich setzen lassen können», sagte der Verkäufer so vorsichtig, als ginge es um den Code für die französischen Atomwaffen.

«Was bedeutet ‹eventuell›?»

«Sie können anrufen und sich informieren», war die Antwort.

«Gut, dann kann ich mir jetzt schon mal Ihren Lederkatalog ansehen, oder?», schlug ich sehr bestimmt vor. Wo hatte dieser Mann nur das Verkaufen gelernt? Unter Honecker im Bananenladen?

«Nun, hier sind unsere Lederarten – aber es ist nicht gesagt, dass Sie die Tasche bekommen können, die Sie sich vorstellen», erklärte er auch schon prompt und zog widerstrebend ein Musterbuch hervor.

«Warum denn das?», fragte mein Mann, der seinen wohlgeplanten Pretty-Woman-Shopping-Trip langsam den Bach runtergehen sah.

«Nun, ich werde Ihnen das System einmal erklären», sagte der Verkäufer mit einem leichten Seufzen. Er sagte tatsächlich «System»!

«Jedes Geschäft hat ein bestimmtes Kontingent an Taschen, das es pro Jahr verkaufen kann. Jeder Shopmanager sucht Farbe, Größe und Art der *Kelly*-Taschen entsprechend der Einschätzung seiner Kunden aus. Wenn nun Ihre Wunschtasche nicht dabei ist, haben Sie Pech gehabt. Sie können es dann ja im nächsten Jahr noch mal versuchen.»

Damit konnte ich mich nicht zufriedengeben. In einem Jahr würde das Baby nicht mehr reinpassen. Zumindest wenn ich keine Reisetasche wollte.

«Gut, Monsieur. Ich habe einen ganz einfachen Wunsch. Ich hätte gerne entweder eine schwarze oder braune Tasche. Ich weiß aber noch nicht welche Größe. Haben Sie mal eine Tasche zum Ansehen?»

«Natürlich nicht, Madame», wundert sich der Verkäufer über meine Naivität. «Aber ich kann Ihnen die mittlere Größe, 32 Zentimeter, empfehlen.»

Das wurde ja immer besser! Man konnte die Taschen noch nicht einmal ansehen! Man musste die Katze im Sack kaufen. Das war ja so, als würde ich ein Haus kaufen, ohne die Pläne je gesehen zu haben. Der Typ bot mir noch nicht einmal ein popeliges Bild zum Ansehen an!

«Wollen Sie einen weichen oder einen festen Rand?» fragte mein Freund, der Verkäufer.

Keine Ahnung. Das musste ich sehen. Das musste ich anfassen. Aber das ging ja nicht.

«Außerdem müssen Sie sich im Klaren darüber sein, ob sie eine Gold- oder Silberschnalle wollen», sagte er weiter. Das war leicht. Gold.

«Gut, Monsieur, dann sind wir ja schon einen Schritt weiter. Das bedeutet, ich möchte eine schwarze oder braune Tasche mit Gold, mittlere Größe. Ob mit weichem oder hartem Rand, das überlege ich mir noch», fasste ich zusammen. «Und jetzt?»

«Wenn Sie die Tasche immer noch wollen, können Sie mich in drei Monaten anrufen und sich erkundigen, ob die neue Liste noch offen ist und ob ihre Tasche im Kontingent ist», sagte der Verkäufer verschwörerisch. Er schrieb tatsächlich seinen Namen auf eine offizielle «Hermès»-Visitenkarte und gab sie meinem Mann.

Ich konnte ihm ansehen, dass er dachte: «Warum ruft der Kerl denn nicht uns an? Wir sind doch die Kunden!»

Tatsächlich konnte er es sich nicht verkneifen, dem

Verkäufer zu sagen: «Wissen Sie, Sie sind eines der wenigen Unternehmen, das sich seine Kunden aussuchen kann.»

Der zog daraufhin nur die Nase kraus und sagte: «Wir bei ‹Hermès› wollen Handwerker bleiben und das ist schwierig bei der weltweiten riesigen Nachfrage nach den Kellys. Es gibt in Paris sogar einen Schwarzmarkt für neue Taschen. Leute, die zehn Taschen bestellen wollen, um sie mit Gewinn weiterzuverkaufen. Wir können und wollen nicht so viele Taschen herstellen, wie wir theoretisch verkaufen könnten.»

Das hätte er ja auch am Anfang nett erklären und uns anbieten können, uns auf die Liste zu setzen. Wir beschlossen zu gehen und verabschiedeten uns. Der Verkäufer grüßte uns gemessen. Vor dem Geschäft sahen wir uns an. Wollten wir wirklich immer noch eine *Kelly Bag?* Wir hatten es selten mit einem so unfreundlichen Menschen zu tun gehabt. Schließlich sollte mich die Tasche an die Geburt unserer Tochter und Paris erinnern. Mir ein Leben lang Freude machen. Ich hatte große Lust an den Chef des Unternehmens zu schreiben und ihm diese Geschichte zu erzählen. Ein Haus, das Eleganz verkauft, sollte das auch mit Eleganz tun.

Am Abend beschlossen wir, unser Vorhaben nicht aufzugeben. Meine Freundin Antoinette, der ich die Geschichte erzählte, gab mir den Tipp, es doch lieber in der anderen «Hermès»-Boutique in der Nähe des Kaufhauses «Bon Marché» zu versuchen. Es sei bekannt, dass die Verkäufer dort netter seien, weil der Laden längst nicht so überlaufen sei wie das Stammhaus.

Gut, noch eine Chance für «Hermès». Ich wollte es einfach wissen – auch wenn ab und zu ganz hinten im Wunschzentrum meines Gehirns ein Brillantring verführerisch glitzerte. An einem Samstag gingen wir mit unserer Prinzessin im Jardin du Luxembourg spazieren und schauten in der Boutique gegenüber des «Bon Marché» vorbei. Die Verkäuferin war einfach entzückend. Sie putzte dem Kind die Nase, erklärte uns eineinhalb Stunden lang alle möglichen Lederarten von Stoff bis Kroko, ließ mich zwischendurch in Ruhe das Baby stillen und unterhielt sich währenddessen mit meinem Mann. «Natürlich können Sie eine Tasche bestellen, auch wenn es etwas dauert», sagte sie. «Überlegen Sie sich zu Hause in Ruhe noch einmal die Farben, schließlich kauft man so eine Tasche nicht jeden Tag.» Sie kam auch auf die Idee, das Geburtsdatum meiner Tochter in die Tasche zu prägen. Zweimal habe ich mich wegen der Farbe nach unserem Besuch im Laden umentschieden und die arme Verkäuferin jedes mal deshalb angerufen, die die Änderungen ihrerseits an die Ateliers durchgeben musste. «Wie geht es dem süßen Baby?», fragte sie jedesmal. Als dann der Anruf kam, meine Tasche warte auf mich, freute ich mich wie ein Kind. Als wir sie abholten, stellte ich fest, dass das Baby inzwischen zu groß geworden war und ich es nicht mehr wirklich in die Tasche setzen konnte wie erträumt.

Ehrlich gesagt habe ich diese Kelly Bag seitdem nicht besonders oft benutzt. Sie liegt in ihrer großen orangenen Schachtel im Kleiderschrank in ihrer weichen Schutzhülle. Aber manchmal schaue ich sie an, und wenn ich alleine mit meinem Mann ausgehe, dann wird sie mit

Lippenstift, Handy und Taschentüchern bestückt, und ich führe sie einen Abend lang spazieren, räume sie wieder aus und lege sie schlafen. Irgendwie ist die *Kelly* keine Tasche. Sondern eine Erinnerung. Sie riecht wunderbar nach Leder, ist samtglatt ... Aber ein bisschen einschüchternd ist sie auch, so wie dieser unfreundliche erste Verkäufer. Und mit Kindern ist sie ehrlich gesagt ziemlich unpraktisch. Neulich habe ich einen Bund billiger bunter Pompons und Glöckchen an ihren Henkel gehängt, um ihren strengen Pariser Hochmut zu brechen, und siehe da: Das war genau das, was sie gebraucht hatte. Als ich sie so geschmückt, mit baumelnden und schwingenden, pinken und gelben und grünen Quasten am Griff auf der Straße trug, schien die *Kelly Bag* zum ersten Mal zu lachen. Wir zwei verstehen uns schon, aber wie in jeder guten Liebesgeschichte ist es nicht immer ganz einfach.

Ist «Hermès» ein Snobby-Laden, den man eigentlich boykottieren muss? Und warum verfallen Menschen in Pariser Luxusboutiquen überhaupt den Verlockungen von teuren Produkten so leicht? «Effet de rareté oblige» – so erklären Börsenanalysten den Erfolg und die Anziehungskraft des Unternehmens. Frei übersetzt: «Was ich schwer bekomme und fast unbezahlbar ist, muss unglaublich toll sein!» Doch nicht nur «Hermès» hat mit seinen Taschen einen riesigen Erfolg. «Dior» hat seit 1996 seine Lady-Dior- und Saddle-Taschen millionenfach verkauft. Das sehr viel demokratischere Haus «Longchamp» verkauft Millionen Rucksäcke, Abendbeutel und Shoppingsäcke pro

Longchamp
Bezahlbare klassische Taschen, Customizing-Service
404, rue Saint-Honoré
www.longchamp.com
Ⓜ *Concorde*

Jahr. «Um das Kleid eines berühmten Designers zu erkennen, muss man schon vom Fach sein. Eine Handtasche hat eine starke Identität und wird sofort erkannt», sagte der langjährige Couture-Chef von «Dior», Sidney Toledano, einmal.

Die Ökonomie hat für das, was sich in der Mode besonders deutlich ausdrückt, den Begriff der «schöpferischen Zerstörung»: Alte Strukturen werden durch neue, erfolgreichere abgelöst, die das Alte kreativ neu ordnen. Nichts anderes aber sind Modetrends. Sie sind Materie gewordene Vergänglichkeit und das in schnellem Rhythmus erfüllte Versprechen auf Neues. Viel Geld für ein Luxusprodukt auszugeben, ist ein Fest. Es ist nicht nur dazu da, unseren sozialen Status zu unterstreichen. Es befreit unseren Überschwang. Wie Erotik ist der Erwerb eines Luxusgegenstandes ein Freisetzen von Energie. – Was wohl die Handwerker in den Sattler-Werkstätten des Firmengründers dazu sagen würden, wenn man ihnen sagen würde, sie seien Erfüllungsgehilfen beim Freisetzen von Energie? «Hermès» ist ein Repräsentant der französischen Luxusindustrie, dessen Mitarbeiter sich nicht nur als Manager, Anteilseigner oder Handwerker und so weiter verstehen, sondern als Botschafter eines Kunsthandwerks. Und mit einigem Sendungsbewusstsein betrachten sie sich selbst als diejenigen, die das französische Kulturerbe, den *patrimoine*, weitergeben. Dass «Hermès» das Angebot seiner Produkte bewusst begrenzt und so seine zahlungskräftige Kundschaft dazu bringt, diesen gierig hinterherzuhecheln, kann man als perversen Auswuchs ansehen. Oder als Schutz vor der buchstäblich grenzenlosen Entwertung einer Tradition und eines Handwerks, das nach wie vor nur durch lange trainierte Hände bestehen kann.

Wieso macht man sich wegen einer simplen Handtasche nur so verrückt? Warum nicht das Geld einem wohltätigen Zweck zukommen lassen? Bücher, Handy und «Evian»-Flasche in einer umweltfreundlichen «Monoprix»-Plastiktüte verstauen, die ihre Funktion als Trage-Utensil perfekt erfüllt. – Schon bei dem bloßen Gedanken bekommt jede Pariserin, die etwas auf sich hält, sei sie alt oder jung, reich oder arm, einen hysterischen Anfall. Denn Handtaschen sind in Paris das wichtigste *fashion statement*, das eine Frau hier mit sich herumträgt. Nur die Allerwenigsten können es sich leisten, zweimal im Jahr den kompletten Shopping-Rundumschlag von den Dessous bis zum Regenmantel zu machen, nur um en vogue zu bleiben. Ich kenne einige Frauen, deren Trophäen-Sammlung mit den Jahren so groß geworden ist, dass ihre fassungslosen Ehemänner einen eigenen Schrank nur für die unzähligen Handtaschen montieren mussten. Wie diese Fassungslosigkeit verrät, haben Männer einfach keine Ahnung von den immer neuen Gesetzen eines «Damentaschen-Jahreskreises», denen gerade die Pariserin untersteht. Genauso wichtig wie die Taschen selbst, ist in Paris die Art wie frau sie trägt: baumelnd, schwenkend, halb vergessen in der Armbeuge, fast auf dem Rücken wie ein exotisches Affenkind. Kurze Riemen oder Clutches verführen zu Posen, die ihre Trägerinnen auf Instagramfotos aussehen lassen wie moderne Statuen. Aber, jetzt mal im Ernst: Ist das alles eigentlich wirklich so wichtig?! Wie kann ein *Ding* so begehrt werden? Warum muss es die und darf keine andere sein? Wozu überhaupt Handtaschen? – Ganz einfach: Gerade weil sie unzählige Fragen aufwerfen, sind Taschen *das* Symbol dafür, was wir Frauen immer zu sein trachten: ein Mysterium. – Tja. Und wem diese Erklärung zu schwülstig ist, kann sich an Fergie halten: «Don't cry, buy a bag and get over it.»

Duft-Marken.
Magie für die Nase

«Der Geschmack kultiviert sich genauso wie der Geist.» Dieses Bonmot des Philosophen Balthasar Gracián kann in Frankreich jedes Kind auf den Flaschen einer bekannten Mineralwasser-Marke nachlesen. Wir haben in unserer Zeit in Paris gelernt, dass sich auch der Geruchssinn kultivieren lässt. Hier werden Geist und Geschmack nicht nur durch Auswählen und Kommentieren komplexer Menüs geschult und die Kennerschaft in dem dramatischen Moment herausgefordert, wenn der Kellermeister des Restaurants mit der Weinkarte auftritt. Auch für die Nase ist Paris ein weites und reiches Terrain. Überall kann man schnüffeln, riechen, schnuppern – und langweilt sich garantiert nie. An den unglaublichsten Orten wird in Paris die Kultivierung des Geruchssinns betrieben. Düfte sind hier ein besonderes Vergnügen, eine große Unterhaltung, eine Spielerei. Dass die Franzosen, besonders die Pariser, intensivere Duftwolken hinter sich herziehen als Nordeuropäer es gewohnt sind, merkt jeder, der einmal mit wacher Nase durch die Stadt spaziert ist. Da gibt es die exquisit gekleideten Damen, die nach einem Wässerchen aus einer der hochele-

Guerlain
*Exklusive Boutiquen-Düfte,
Gravurservice,
mehrere Läden, u.a.
93, rue de Passy
www.guerlain.com
Ⓜ La Muette*

ganten Pariser «Guerlain»-Boutiquen duften, in denen man sich den eigenen Flakon mit seinen Initialen versehen lassen kann. Afrikanerinnen benutzen sehr würzige Düfte, die ihr Erscheinen im Metroabteil schon Sekunden vorher pompös ankündigen. Auch ihre Männer tragen häufig einen Duft, der nach Moschus und Gras riecht und dem man am liebsten hinterherlaufen möchte. Fast jeder Mann in der Metro riecht morgens nach mehr als Aftershave, nämlich nach Parfüm. Man muss sich nur einmal nah rüberlehnen und ein bisschen schnuppern, um zu das merken.

Kein Wunder, denn die Nasenerziehung scheint bereits bei der Taufe zu beginnen, eine Gelegenheit, bei der die kleine Marguerite oder der süße Louis mit *Baby Dior* betupft wird. In den Parfümerien ist eine Ecke nur für Kinderdüfte reserviert, wobei *Le Petit Prince* mit dem Motiv des Saint-Exupéry-Titels ein Renner ist. In jeder gehobenen Kinderboutique gibt es eine eigene Duftserie schon für Säuglinge. Welch Frevel für die deutsche Baby-Philosophie, die nur ein einmaliges Baden pro Woche erlaubt, und das möglichst ohne parfümierte Seife! In diesem Punkt scheinen die Franzosen wie kleine Kinder, die Objekte ihrer Begierde gerne ausgiebig beschnuppern. Selbst alte Damen, die schon mit einem Bein im Grab zu stehen scheinen, sind oft in köstliche Essenzen eingehüllt, als wollten sie mit diesem starken Duft den endgültig letzten Liebhaber anziehen. Als handle es sich um eine Art Höflichkeit, eine Art Eigenliebe und zugleich einen Akt der Freundlichkeit anderen gegenüber, wenn man gut riecht. Die

Baby Dior
Kinderkleider, Accessoires und Düfte
26–28, avenue Montaigne
www.fr.store.dior.com
Ⓜ *Alma-Marceau oder Franklin D. Roosevelt*

Franzosen sind das Volk, das im Vergleich zu allen anderen Nationen der Welt am meisten Geld für Kosmetik und Parfüm ausgibt. Und *Paris* – auch der Name für ein Parfüm. In den 1980er-Jahren rochen alle schönen Blondinen Europas nach diesem Duft, der den Namen der Stadt trug. Nach dem berühmten Parfüm von «Yves Saint Laurent», das mit den romantisierenden Klischees der Stadt – Eiffelturm, Rosen und eine schöne Frau im Abendkleid – warb. Ein Parfüm wie ein Donnerschlag. Millionen Frauen zogen die Duftschwaden dieses Power-Parfüms hinter sich her, das so gut zu der damaligen Mode mit ihren Schulterpolstern und dramatischen Föhnfrisuren passte. Leider verursachten diese stechenden Rosenduftwolken der *Paris*-Damen so manchem heftige Migräne. Diese Zeiten sind vorbei. Heute tragen nur noch wenige Frauen *Paris,* denn es gilt als Zeichen schlechten Geschmacks, wenn jeder weiß, mit welcher Marke man der Verführung nachhilft. Heute soll es subtiler sein. So subtil wie die Duftkerzen, die es beim ehemaligen Hoflieferanten des Sonnenkönigs, bei «Cire Trudon», gibt und die das ultimative Gastgeschenk sind.

Cire Trudon
Duftkerzen aus der ältesten Manufaktur der Welt
78, rue de Seine
www.trudon.com
Ⓜ *Odéon*

Uns erstaunte in Paris nicht nur der verschwenderische Gebrauch von Duftwässern für den Körper, wir entdeckten hier Produkte, von deren Existenz wir noch nie etwas gehört hatten. Es schien uns fast unmöglich, auch nur einen Augenblick ohne Duft zu verbringen, und wir gaben uns dieser allgemeinen Vorliebe für Düfte hemmungslos und mit kindlicher Neugier hin, ohne Angst vor Asthmaanfällen oder allergischen Hautausschlägen. Wir kauften in silbrige Büchsen gegossene Duftkerzen mit dem unvorstellbaren Aroma Cassis-Tomate. Füllten Wäschewasser mit Rosenduft in das Dampfbügeleisen, um damit Unterhosen und Bettlaken eine Aura der guten alten Zeit zu geben. Unsere Putzfrau bestand darauf, Lavendelpuder in den Staubsaugerbeutel zu füllen, um beim Saugen eine aus dem Hinterteil des Apparates kommende, dezente Duftnote zu hinterlassen. Sie führte auch Lavendelpolitur für die Möbel ein und hinterließ Eukalyptusschwaden im Badezimmer, das sie zu meinem Schrecken mit dem in Deutschland übel beleumdeten «Eau de Javel» (Chlor!) reinigte, das sie selbst mitbrachte. Der Hausflur wurde von ihr jede Woche liebevoll mit einem penetranten Rosenwasser gewischt, und der blaue Klo-Stein, den sie reklamierte, roch nach Kaugummi. Nach ein paar Monaten hatten wir mit ihr eine lang anhaltende Auseinandersetzung, weil wir immer noch weißes, unparfümiertes Klopapier einkauften. Sie war der Ansicht, dass parfümiertes lindgrünes Papier gut zu den dunkelgrünen Bodenkacheln passen und dem Klo eine angemessene Duftnote geben würde. Lange setzten wir uns auf diesem letzten Gebiet durch, der Rest der Wohnung roch wie ein Parfümladen.

Wir lernten auch Kreaturen kennen, die meine böhmische Großmutter als «Apothekerhund» – ihr Ausdruck für übermäßig parfümierte Wesen – bezeichnet hätte: Möpse und Golden Retriever, die mit *Oh my dog* parfümiert waren. Die Werbung dafür ist extrem raffi-

---

Diptyque
Duftkerzen, Parfums und Seifen
34, boulevard Saint-Germain
www.diptyqueparis.fr
Ⓜ *Maubert-Mutualité*

Lafayette Maison
Hausdüfte in allen Preislagen
35, boulevard Haussmann
www.galerieslafayette.com
Ⓜ *Havre-Caumartin*

niert: Ein blassbrauner Weimaraner mit eisblauen Augen, der von einer wunderschönen Frau mit ebenfalls eisblauen Augen gehalten wird, wirbt für den Duft, den eine «Nase» von «Givenchy» und ein Berater von «Guerlain» kreiert haben. Ein Parfüm im klassischen Kristallflakon, das nicht nur die vierbeinigen Freunde nach Haute Couture duften lassen soll. Die raffinierten Marketingstrategen spekulierten wohl darauf, dass die Pariserinnen statt Schnuffis Hals ihren eigenen besprühen. Hauptsache edel und ausgefallen. Warum soll auch ein Hund nach Hund riechen? Man kann dies für den Gipfel der Kultur halten oder die letzte Dekadenz. Dagegen ist der duftpupsende Staubsauger so normal wie der gute alte Schrubber.

Nicht nur die Pariser und ihre Häuser riechen, auch die Stadt hat ihren ganz eigenen Duft. Einen Geruch, der jeden in die Stadt verliebten Menschen süchtig, schwindelig, benommen macht. Ich habe mich oft gefragt, warum Paris so nach Paris riecht und man die Stadt so schnell wie den Geruch der besten Freundin in einer Menschenmenge erschnüffelt. Würde man mir die Augen verbinden, mich entführen und mit einem Hubschrauber innerhalb der Stadtmauern von Paris absetzen, ich wüsste genau, wo ich bin. Vielleicht gibt es im Duftpotpourri der Stadt noch andere Zutaten. Aber sicher riecht Paris nach gerösteten schwarzen Kaffeebohnen. Nach Ruß und Hundekacke. Nach Rosen, tatsächlich, da hat Saint Laurent recht. Nach Metro und Abgas. Nach Oliven und Pipi. Nach den köstlichen Butterschwaden frischer Croissants und dem würzigen Parfum stolzer Afrikanerinnen. Und es riecht nach *Madeleine*. Denn es wird auch der Untergrund der Stadt parfümiert. Die RATP, die Gesellschaft, die die Metro betreibt, lässt die Böden der Bahnhöfe und Gänge besprühen. Wie bei den Parfüms der großen Modehäuser beauftragte die RATP einen Parfümeur, einen entsprechenden Duft zu gestalten. Der mixte vier verschiedene Rezepturen zusammen, die dann in einer Testphase in mehreren Bahnstationen ausprobiert wurden. Zum Schluss durften die Metrobenutzer entscheiden, wie ihre U-Bahn riechen sollte. Sie entschieden sich für *Madeleine*, das nach Aussage des Parfümeurs «an Frische, Blumen, Land, Wald und Frucht erinnert». Tonnen davon werden jeden Monat im Streckennetz eingesetzt. Wenn man beim Flanieren über ein Lüftungsgitter der Metro geht und einen Moment innehält, dann kann man ihn riechen, diesen maßangefertigten Metroduft. Wer aus Paris seinen ganz persönlichen Duft mitnehmen möchte, muss nur zu einem der kleinen Parfümeure gehen, die Duftwässer in kleinen Auflagen herstellen. Einige große Nasen haben Boutiquen unter eigenem Namen, wie Serge Lutens mit einer märchenhaft gestalteten Parfümwelt im Palais Royal. Manche kreieren nach Bestellung Maßparfums, wie Francis Kurkdijan oder «L'Artisan Parfumeur». Ein so angefertigtes Parfum kostet zwar ein Vielfaches wie die gleiche Menge Chanel N°5, aber dafür duftet man ganz unverwechselbar. Wem das Herstellen eines persönlichen Parfums zu lange dauert, findet bei Frédéric Malle oder Annick Goutal kleine Parfümserien,

Serge Lutens
Märchenhafte Parfumboutique im Palais Royal
142, Galerie des Valois
www.de.sergelutens.com
Ⓜ *Palais Royal-Musée du Louvre*

Annick Goutal
Parfüms in Boudoirstil-Boutiquen, u.a.
14, rue de Castiglione
www.annickgoutal.com
Ⓜ *Concorde*

Frédérick Malle
Galerien mit Exklusivdüften von Starparfumeuren, u.a.
140, avenue Victor Hugo
www.frederickmalle.com
Ⓜ Victor Hugo

die außergewöhnlich nach Vanille, Kaminfeuer, Maiglöckchen, Schokolade oder Moschus duften. Wenn man einen solchen Kristallflakon in Händen hält, dann hat man ihn eingefangen, den Duft von Paris.

Die Franzosen, deren Kultur wie keine andere die sofortige Assoziation für das Wort «Parfüm» auslöst, probieren nicht nur begeistert alle Spielarten der Duftverführung aus, sie besitzen sogar in Versailles die weltweit einzige Parfüm-Universität. Dort werden die großen «Nasen» ausgebildet, die Designer von Düften. Auch Manager, die diese vermarkten sollen, finden hier ein Sprungbrett in die Luxusindustrie. Diese Schule mit dem schönen Namen ISIPCA wurde im Jahr 1970 von Jean-Jacques Guerlain gegründet und nimmt pro Jahr mehrere Hundert Schüler auf. Viele von ihnen haben bereits ein Diplom in Biologie oder Chemie vorzuweisen und spezialisieren sich hier. Nach ihrer Ausbildung wissen sie, wie ein hochpreisiges Parfüm in zwei Jahren entsteht oder ein Modeduft für die breite Masse innerhalb von wenigen Monaten auf den Markt gebracht werden kann. Die Schule in Versailles garantiert, dass die unvergleichlichen französischen Düfte der Welt erhalten bleiben.

Was in Paris entschieden wird, wird im südfranzösischen Städtchen Grasse produziert. Und so ist es nicht verwunderlich, dass aus Grasse der Grandseigneur der Parfümeure, Jean-Claude Ellena, stammt. Vor seiner Tätigkeit als Parfümeur bei «Hermès» hat er als freier Künstler – denn gute Parfüms gelten als Kunstwerke – Klassiker wie *First* für «Van Cleef & Arpels», *Declaration* für «Cartier» und *Eau au Thé Vert* für «Bulgari» geschaffen. Er spielt gerne mit Aromen von Gewürzen, Gemüsen und Obst und gilt als Vordenker einer neuen Parfümeurschule, deren Düfte mit möglichst wenigen Zutaten entstehen: «Ich bin fasziniert von der Kunst, mit wenigen Strichen das Wesentliche auszudrücken. Je weniger Striche, desto besser. Ich halte meine Formeln einfach. Die Botschaft wirkt dann umso stärker. Ich will kein Parfüm, das wie eine hoffnungslos überladene Kulisse für eine Barockoper wirkt», sagte er einmal.

Ich hatte die Idee, ihn für ein Doppelinterview für ein deutsches Magazin mit dem – im Juni 2017 leider verstorbenen – Pariser Star-Koch Alain Senderens zusammenzubringen. Der Vorteil, den eine Journalistin genießt, ist ja, dass sie Menschen, denen sie immer schon mal Löcher in den Bauch fragen wollte, meist ziemlich einfach treffen kann. So war ich an einem Herbsttag mit einem jungen Schweizer Fotografen auf dem Weg zum Place de la Madeleine, wohin uns Senderens für das Interview in sein Sterne-Restaurant gebeten hatte. Wie immer hoffte ich, dass ich nichts Krümeliges würde essen müssen. Keiner, der Journalisten dafür beneidet, dass sie mit Politikern frühstücken, mit Showstars zu Mittag essen oder auf Dinnerpartys gehen, wo sie die Berühmten und Wichtigen sehen, macht sich klar, wie vertrackt es ist, konzentriert ein Interview zu führen und dabei essen zu müssen. Also ich kann das nicht. Bei einem Interview mit einem Pariser Starbäcker musste ich morgens um halb acht einmal köstlich fettige, extrem krümelige Croissants essen,

Hotel Plaza Athénée

Frühstücken auf der Terrasse Montaigne, elegant illustrierte Croissant-Karte
25, avenue Montaigne
www.dorchestercollection.com
Ⓜ *Alma-Marceau*

auf Französisch Fragen stellen, dabei Notizen machen, mein Aufnahmegerät im Blick haben, immer von der einen in die andere Sprache umschalten, geistreich sein, dann noch ebenso krümelige Pains au chocolat probieren. Ständig rutschte die gestärkte Leinenserviette von meinem glatten Satinkleid (Scheißidee, das anzuziehen!), entweder musste ich mich bücken, um sie aufzuheben oder ich krümelte wie eine Dreijährige dicke fettige Blätterteigflocken auf den schwarzen Satin – und dennoch sagte der Bäcker alle fünf Minuten empört: «Aber Madame, Sie essen ja gar nichts!» Als wir aufstanden, sah der Boden um mich herum aus, als hätten Kinder einen *Food Fight* mit Blätterteig-Gebäck ausgefochten.

An jenem Tag also wollte ich mit dem Parfümeur und dem Koch über die schwarze Seele der Lakritze, den Fluch des Spinats und die Suche der Köche nach Liebe sprechen. Vielversprechende Themen, dachte ich, aber bei Interviews weiß man nie, was passiert, auch nach vielen Berufsjahren nicht. Ich habe schon in aller Herren Länder Männer und Frauen erlebt, die anfingen zu heulen, meine Fotografen anschrien, Migräne bekamen – und auch unsittliche Angebote oder einfach großartige Gespräche. Manchen Interviewpartnern bin ich heute freundschaftlich verbunden. Aber das Treffen mit dem Parfümeur Ellena und dem Koch Senderens ist mir bis heute in besonderer Erinnerung. Und das hat mit einem Duft zu tun.

Alain Senderens, das wusste ich, ist ein großer Parfümliebhaber und Fan der Kreationen von Ellena. In der kreativen Pariser Szene kennt man sich. Senderens begann seine Laufbahn im Pariser «Tour d'Argent» und stieg in den 1970er-Jahren mit seinem eigenen Restaurant «L'Archestrate» in den kulinarischen Sternehimmel auf. 1985 übernahm er das für seine Jugendstileinrichtung berühmte «Lucas Carton» an der Place de la Madeleine. Nach 29 Jahren als Träger von drei Michelin-Sternen gab er seine Auszeichnungen im Jahr 2005 offiziell zurück und wandelte das Traditionshaus in ein günstigeres Gourmet-Bistro um. 2014 ging er in Rente.

Das Doppelinterview lief von Anfang an, als wir uns mit der streng dreinschauenden PR-Frau an einen großen runden Tisch setzten, ganz wunderbar. Nicht nur, weil die beiden Herren sich schon mit ihren ersten Äußerungen hoch emotional als Seelenverwandte zu erkennen gaben, sich die Bälle nur so zuwarfen, gegenseitig mit Dirigenten und Malern verglichen, über Seeigel mit Rosenaroma und die Erotik des Pfeffers philosophierten. Die beiden redeten über zwei Stunden, und ich lauschte gebannt. Währenddessen wurde uns ein Vier-Gänge-Menü serviert, an das ich mich leider danach nicht mehr erinnern konnte, weil ich mich so auf das Interview im gewohnten Pariser Salontempo konzentrieren musste. Das lief in etwa so ab:

Jean-Claude Ellena: «Ich liebe als Basisnote den Duft der menschlichen Haut. Ich mache kein Parfüm um des Parfüms willen, kein L'Art pour l'Art, sondern immer im Zusammenhang mit dem menschlichen Sein, dem Duft der Haut. Der Kunde wird aus meinen Harmonien das auswählen, was ihn am meisten berührt: Rose, Leder, blonder Tabak, Vetiver, Mango.»

Alain Senderens: «Ursprünglich wurden Parfüms ja kreiert, um unsere animalische Seite zu überdecken, Gerüche zu übertünchen wie eine Beize zu altes Fleisch!»

Jean-Claude Ellena: «Ein Parfüm zu schaffen, heißt, eine Verbindung zwischen zwei Menschen zu kreieren. Ein Parfüm kann eine Brücke oder aber eine unsichtbare Mauer sein. Es kann eine Einladung sein, eine Aufforderung mit der Botschaft: Ich gehe so weit, aber nicht weiter! Ich habe Lust, mit dir zu sprechen, aber nur so und so lange, vielleicht aber auch sehr, sehr lange. Ein Parfüm hilft bei der Annäherung – die Augen sagen dann, ob es weitergeht. Mit dem Duft sagt man, ob man Lust hat, jemanden kennenzulernen und zu treffen. Das können große, subtile Momente sein.»

Alain Senderens: «Stellen Sie sich vor, im Restaurant kam einmal eine Dame auf mich zu und sagte: ‹Monsieur Senderens, Sie sind der am besten riechende Mann, den ich je getroffen habe.› Sprach's und ging wieder zu ihrem Tisch. Wenn das kein Kompliment ist! Ich trug dein Parfüm, *Poivre Samarcande*. Ein Koch, der nach Pfeffer riecht, gefällt den Frauen!»

Senderens sagte auch einen Satz, den ich später bei französischen Abendessen immer wieder lässig in die Runde werfen konnte: «Es gibt ein französisches Sprichwort, das sagt: von der Tischdecke ins Bett! *De la nappe aux draps!* Ja, ein gutes Essen hilft ganz ungemein!» Es war ein wunderbares Interview. Am Ende ergab es 20

Manuskriptseiten, die ich zu meinem großen Bedauern auf drei Seiten kürzen musste. Beim Dessert schaltete ich das Aufnahmegerät schließlich aus und wir sprachen weiter über Bilder, Düfte, Gerüche und persönliche Erlebnisse. Das Gespräch kam irgendwie auf das Thema «verlorene Düfte» und wie traurig es ist, wenn es ein Parfüm nicht mehr auf dem Markt gibt, das einem immer vertraut war, und wie damit eine ganze Welt von Erinnerungen verschwindet. Da schaltete sich plötzlich der Fotograf ein, der wie alle guten Fotografen trotz seiner zwei Meter Körpergröße bis dahin fast unsichtbar geblieben war. Er berichtete vom «Lanvin» seiner Großmutter, die die letzte Flasche diese Parfüms eifersüchtig gehütet hatte. Exakt in der Woche ihres Todes verbrauchte sie den letzten Tropfen, der ihr geblieben war. Ich erzählte daraufhin vom Parfüm meiner Mutter, das ich sehr geliebt hatte. Dieses Parfüm rief so verlässlich die Erinnerung an meine Mutter hervor, dass Duft und Erinnerung fast in eins fielen. Anfang der 1990er-Jahre konnte man es von heute auf morgen nicht mehr kaufen. Ich schilderte, wie ich überall in Paris herumgelaufen war auf der Suche nach einer vielleicht doch noch letzten Flasche und wie mich die Verkäuferinnen einfach nur dumm ansahen und weiterschickten. Ellena wurde bei dieser Anekdote ganz besonders aufmerksam, sah mich sehr konzentriert an und fragte: «Wie hieß denn dieses verlorene Parfüm, das *parfum de maman*?»

Ich antwortete: «*Armani,* das erste, in einem Art-Déco-Flakon.»

Da fixierte mich Ellena noch stärker, sah mir direkt in die Augen, zwischen uns knisterte die Luft, die Umgebung verschwamm, Koch und Fotograf waren vergessen. Er sah mich an. Sah mich an und sagte ganz ernst: *«C'était moi, Stéphanie, le parfum de maman. Je l'ai fait —* Das war ich, Stefanie. Das Parfüm Ihrer Mutter, das habe ich gemacht.»

Wir sahen uns an. Sprachlos. Stille. Ich konnte kaum atmen. Mir kamen die Tränen. Völlig unprofessionell. Wir hatten fast drei Stunden über Parfüm gesprochen und nun saßen wir beim Essen mit dem Koch, seiner strengen PR-Frau, dem Fotografen und Ellena sagt: «Le parfum de maman, c'était moi», eine Anspielung auf ein Gustave Flaubert zugeschriebenes Zitat: «Madame Bovary, c'est moi», womit die Identität von Schöpfer und Werk, das Autobiographische im Kreativen, ein Verstecken und Sich-Darbieten gemeint sind. Keiner der anderen Anwesenden wagte zu atmen, alle schwiegen. Ellena und ich sahen uns immer noch an. Schließlich sagte er: «Stéphanie, ich werde es Ihnen wieder machen, das *parfum de maman,* geben Sie mir ein wenig Zeit, aber es ist versprochen!»

Damit war der Bann gebrochen, wir griffen nach unseren langstieligen Weingläsern, bald kam der Kaffee. Wir verabschiedeten uns. Die PR-Dame überreichte mir einen Flakon von Ellenas Lavendel-Parfüm. Ich aber war immer noch wie betäubt. Und ich blieb es noch einige Stunden. Auf dem Heimweg mit der Metro dachte ich lange nach und kam zu dem Schluss, dass das eine wundervolle verbale gallische Geste gewesen war, theaterreif, aber natürlich hatte der Mann Besseres zu tun: seine Promotion-Tour durch Asien, ein neuer Duft im Labor. – Aber kurz vor Weihnachten kam ein kleines Päckchen mit der Post. Absender mit der Hand geschrieben: Jean-Claude Ellena, Cabris bei Grasse. Im Inneren: ein durchsichtiger Glasflakon ohne Etikett, wie aus einem Labor, mit einer goldgelb schimmernden Flüssigkeit. Ich öffnete ihn – und die Luft erfüllte sich mit dem Duft meiner Mutter: sie im Pelzmantel in der Kirche, das Klirren ihres Armbandes, sie am Morgen auf dem Weg zum Auto, sie am Abend beim Gutenachtkuss. *Le parfum de maman*. Wie ich später erfuhr, hatte Ellena einige Inhaltsstoffe extra dafür besorgt, weil er damals mit weniger Ingredienzien als in den 1980er-Jahren arbeitete. Am Boden des Päckchens fand ich eine kleine weiße Visitenkarte mit seinem Namen. Darauf in Handschrift, mit Füller geschrieben: «*Pour Stéphanie, c'était promis*». Für Stefanie, wie versprochen.

So endete das erste Jahr in Paris für mich mit einem Zauber, den ich mir bei meiner Ankunft hier erträumt hatte. Der Magie einer Welt von gestern, heute und morgen, die durch Menschen und ihre Ideen in Schönheit verbunden ist. Einer Welt von Schattenspielern, Flaneuren, dem Theater auf Straßen und in Salons, Parallelgalaxien aus Düften, Farben und Tönen. Ach ja, Paris! Und ja, trotz aller Krisen, Probleme, politischer Dramen ist sie es jeden Tag neu: meine Stadt des Lichts.

Danksagung

Leben, um davon zu erzählen: Als ich München verließ, um in Paris zu leben, hatte ich von Anfang an das starke Gefühl, darüber ein Buch schreiben zu müssen. Und je länger ich dort lebte, umso mehr gab es zu erzählen. Immer mehr Freunde kamen, lebten meinen Alltag mit, wollten hinter die Kulissen geführt werden. Zwar gibt es Bücher über Paris wie Sand am Meer. Aber das macht nichts. Denn jeder Autor erlebt die Stadt und sein Leben dort anders. Und so hat sich mein *Grand Paris* selbst geschrieben in all den Jahren, die ich dort leben durfte und darf.

Mein Dank gilt vor allem meinen wunderbaren Freunden in Paris und Saint-Germain-en-Laye, die mir so viel über die Stadt beigebracht und ohne sie verschlossen gebliebene Türen geöffnet haben: Louis und Clotilde, Thibault und Anne, Sebastian und Katharina, Dominique und Madette, Michaël und Tiphaine, Jean-Christophe und Hélène, Edouard und Sabine, James und Madeleine, Ian und Tina, Jerry und Debbie, André und Isabelle – und meine Fee Florine Asch. Unseren in Frankreich geborenen Kindern Antonia und Leopold danke ich für ihre Liebe und Geduld mit ihrer schreibenden Mutter – und ihre Nachsicht, wenn sie mit mir im Pariser Leopardenmantel in Deutschland auf die Straße gehen müssen. Vor allem habe ich das Glück, einen Mann an meiner Seite zu haben, für den Paris ein großes Wohnzimmer ist, in dem er gerne mit mir lebt. Für all unsere Lichterfahrten: Merci.

Als ich Maria Kleinschmidt und ihre Zeichnungen kennenlernte, war es Liebe auf den ersten Blick, und sie wurde zu meinem großen Glück die kongeniale Illustratorin dieses Buches. Eine zeichnende Übersetzerin der eigenen Worte an seiner Seite zu haben, ist eine atemberaubende Erfahrung.

Der leidenschaftlichen Büchermacherin Victoria Salley, unserer Programmleiterin im BusseSeewald Verlag, möchte ich dafür danken, dass sie von der ersten Sekunde an meine Idee von *Grand Paris* verstanden und dann mit Hingabe und Geduld in solcher Schönheit umgesetzt hat. Gerade in Zeiten politischer Instabilität wollte auch sie in den Traum der grandiosen, zeitlosen Stadt Paris eintauchen. Ein paar Stunden einen Traum leben, den uns Lektüre und imaginäres Reisen schenken können.

Stefanie von Wietersheim

Stefanie von Wietersheim, Kulturjournalistin und Buchautorin, lebte sieben Jahre in Paris und Toulouse. Heute geht sie von ihrem Landhaus in Niedersachsen aus auf Reportage – wenn sie nicht gerade in ihrer Pariser Zweitwohnung sitzt und aus dem offenen Fenster die Passanten beobachtet. Ihre Bildbände *Frauen & ihre Refugien*, *Vom Glück mit Büchern zu leben* und *Mütter & Töchter* wurden zu Bestsellern ihres Genres.

Maria Kleinschmidt, Zeichnerin und Illustratorin, unterrichtete lange an der Universität der Künste Berlin das Fach Modezeichnen. Seit 2015 ist sie Dozentin für die Fächer Zeichnen und Farbe am Fachbereich Design der Fachhochschule Potsdam. 2013 erschien das von ihr illustrierte Buch *Tante Karos Gefühl für Stil. Ein Moderoman.*

Impressum

Idee und Text: Stefanie von Wietersheim
Illustrationen und Cover: Maria Kleinschmidt
Covergestaltung und Satz: Nina Benjamins, FSM Premedia GmbH & Co. KG, Münster
Lektorat: Stephan Thomas, München
Produktmanagement: Victoria Salley
Druck und Bindung: PNB Print Ltd, Lettland

© Lifestyle BusseSeewald in der frechverlag GmbH, Turbinenstraße 7, 70499 Stuttgart, 2017

Angaben und Hinweise in diesem Buch wurden von der Autorin und den Mitarbeitern des Verlags sorgfältig geprüft. Eine Garantie wird jedoch nicht übernommen. Autorin und Verlag können für eventuell auftretende Fehler oder Schäden nicht haftbar gemacht werden. Das Werk ist urheberrechtlich geschützt. Die Vervielfältigung und Verbreitung ist, außer für private, nicht kommerzielle Zwecke, untersagt und wird zivil- und strafrechtlich verfolgt. Dies gilt insbesondere für eine Verbreitung des Werkes durch Fotokopien, Film, Funk und Fernsehen, elektronische Medien und Internet sowie für eine gewerbliche Nutzung.

1. Auflage 2017

ISBN: 978-3-7724-7450-7 · Best.-Nr. 7450